陈绍宏

川派中医药名家系列丛书

卢 云 主编

中国中医药出版社
·北 京·

图书在版编目（CIP）数据

川派中医药名家系列丛书. 陈绍宏 / 卢云主编. —
北京：中国中医药出版社，2022.7
ISBN 978-7-5132-6635-2

Ⅰ . ①川… Ⅱ . ①卢… Ⅲ . ①陈绍宏—生平事迹②中
医临床—经验—中国—现代 Ⅳ . ① K826.2 ② R249.7

中国版本图书馆 CIP 数据核字（2021）第 003945 号

中国中医药出版社出版

北京经济技术开发区科创十三街 31 号院二区 8 号楼
邮政编码　100176
传真　010-64405721
廊坊市祥丰印刷有限公司印刷
各地新华书店经销

开本 710×1000　1/16　印张 11　彩插 0.5　字数 175 千字
2022 年 7 月第 1 版　2022 年 7 月第 1 次印刷
书号　ISBN 978 - 7 - 5132 - 6635 - 2

定价　59.00 元
网址　www.cptcm.com

服 务 热 线　010-64405510
购 书 热 线　010-89535836
维 权 打 假　010-64405753

微信服务号　zgzyycbs
微商城网址　https://kdt.im/LIdUGr
官 方 微 博　http://e.weibo.com/cptcm
天猫旗舰店网址　https://zgzyycbs.tmall.com

陈绍宏

陈绍宏

陈绍宏（左二）、张晓云（左一）
与耶鲁大学药理学专家郑永奇
（右二）合影

耶鲁大学药理学专家郑永奇（右二）
邀请陈绍宏（左二）在实验室进行
中风病基础研究学术交流

陈绍宏（左一）受耶鲁大学邀请，
在波士顿大学医学院与美国顶级神
经病学家进行中风病学术研讨

陈绍宏为日本医学代表团
讲解中风核心病机论

陈绍宏到广东省中医院急诊内科
病房进行专家查房

2017年10月，中华中医药学会急诊
年会期间，陈绍宏教授（左一）
与国医大师沈宝藩（右一）合影

2017年11月，陈绍宏到安岳县中医院传授学术经验

总序————————加强文化建设，唱响川派中医

四川，雄踞我国西南，古称巴蜀。成都平原自古就有天府之国的美誉，天府之土，沃野千里，物华天宝，人杰地灵。

四川号称"中医之乡""中药之库"，巴蜀自古出名医、产中药。据历史文献记载，从汉代至清代，见诸文献记载的四川医家有 1000 余人，川派中医药影响医坛 2000 多年，历久弥新；川产道地药材享誉国内外，业内素有"无川（药）不成方"的赞誉。

医派纷呈　源远流长

经过特殊的自然、社会、文化的长期浸润和积淀，四川历代名医辈出，学术繁荣，医派纷呈，源远流长。

汉代以涪翁、程高、郭玉为代表的四川医家，奠定了古蜀针灸学派。涪翁为四川绵阳人，曾撰著《针经》，开巴蜀针灸先河，影响深远。郭玉为涪翁弟子，曾任汉代太医丞。1993 年，在四川绵阳双包山汉墓出土了最早的汉代针灸经脉漆人；2013 年，在成都老官山汉墓再次出土了汉代针灸漆人和 920 支医简，带有"心""肺"等线刻小字的人体经穴髹漆人像是我国考古史上的首次发现，应是我

国迄今发现的最早、最完整的经穴人体医学模型，其精美程度令人咋舌！这又一次证明了针灸学派在巴蜀有悠久的历史，影响深远。

四川山清水秀，名山大川遍布。道教的发祥地青城山、鹤鸣山就坐落在成都市。青城山、鹤鸣山是中国的道教名山，也是中国道教的发源地之一，自东汉以来历经近2000年，不仅传授道家的思想，道医的学术思想也因此启蒙产生。道家注重炼丹和养生，历代蜀医多受影响，一些道家也兼行医术，如晋代蜀医李常在、李八百，宋代皇甫坦，以及明代著名医家韩懋（号飞霞道人）等，可见丹道医学在四川影响之深远。

川人好美食，以麻、辣、鲜、香为特色的川菜享誉国内外。川人性喜自在休闲，养生学派也因此产生。长寿之神——彭祖，号称活了800岁，相传他经历了尧、舜、夏、商诸朝，据《华阳国志》载，"彭祖本生蜀""彭祖家其彭蒙"，由此推断，彭祖不但家在彭山，而且他晚年也落叶归根于此，死后葬于彭祖山。彭祖山坐落在眉山市彭山县。彭祖的长寿经验在于注意养生锻炼，他是我国气功的创始人，其健身法被后人写成"彭祖导引法"。他善烹饪之术，创制的"雉羹之道"被誉为"天下第一羹"，屈原在《楚辞·天问》中写道："彭铿斟雉，帝何飨？受寿永多，夫何久长？"这也反映了彭祖在推动我国饮食养生方面做出了重要贡献。五代至北宋初年，四川安岳人陈希夷，为著名的道教学者，著有《指玄篇》《胎息诀》《观空篇》《阴真君还丹歌注》等。他注重养生，强调内丹修炼法，将黄老的清静无为思想、道教修炼方术和儒家修养、佛教禅观会归一流，被后世尊称为"睡仙""陈抟老祖"。现安岳县有保存完整的明代陈抟墓，以及陈抟的《自赞铭》，这是全国独有的实物。

四川医家自古就重视中医脉学，成都老官山汉墓出土的汉代医简中就有《五色脉诊》（原有书名）一书，其余几部医简经初步整理暂定名为《敝昔医论》《脉死候》《六十病方》《病源》《经脉书》《诸病症候》《脉数》等。经学者初步考证推断这极有可能为扁鹊学派已经亡佚的经典书籍。扁鹊是脉学的倡导者，而此次出土的医书中脉学内容占有重要地位，一起出土的还有用于经脉教学的人体模型。唐代杜光庭著有脉学专著《玉函经》3卷，后世王鸿骥的《脉诀采真》、廖平的《脉学辑要评》、许宗正的《脉学启蒙》、张骥的《三世脉法》等，均为脉诊的发展做出了贡献。

昝殷，唐代四川成都人。昝氏精通医理，通晓药物学，擅长妇产科。唐大中年间，他将前人有关经、带、胎、产及产后诸症的经验效方及自己临证验方共378首，编成《经效产宝》3卷，是我国最早的妇产科专著。该书与北宋时期著名妇产科专家杨康侯（四川青神县人）编著的《十产论》等一批妇产科专论一起奠定了巴蜀妇产学派的基石。

宋代，以四川成都人唐慎微为代表撰著的《经史证类备急本草》，集宋代本草之大成，促进了本草学派的发展。宋代是巴蜀本草学派的繁荣发展时期，陈承的《重广补注神农本草并图经》，孟昶、韩保昇的《蜀本草》等，丰富、发展了本草学说，明代李时珍的《本草纲目》正是在此基础上产生的。

宋代也是巴蜀医家学术发展最活跃的时期。四川成都人、著名医家史崧献出了家藏的《灵枢》，校正并音释，名为《黄帝素问灵枢经》，由朝廷刊印颁行，为中医学发展做出了不可估量的贡献，可以说，没有史崧的奉献就没有完整的《黄帝内经》。虞庶撰著的《难经注》、杨康侯的《难经续演》，为医经学派的发展奠定了基础。

史堪，四川眉山人，为宋代政和年间进士，官至郡守，是宋代士人从医的代表人物之一，与当时的名医许叔微齐名，其著作《史载之方》为宋代重要的名家方书之一。同为四川眉山人的宋代大文豪苏东坡，也有《苏沈内翰良方》（又名《苏沈良方》）传世，是宋人根据苏轼所撰《苏学士方》和沈括所撰《良方》合编而成的中医方书。上述著作加之明代韩懋的《韩氏医通》等方书，一起成为巴蜀医方学派的代表。

四川盛产中药，川产道地药材久负盛名。以回阳救逆、破阴除寒的附子为代表的川产道地药材，既为中医治病提供了优良的药材，也孕育了以附子温阳为大法的扶阳学派。清末四川邛崃人郑钦安提出了中医扶阳理论，他的《医理真传》

《医法圆通》《伤寒恒论》为奠基之作，开创了以运用附、姜、桂为重点药物的温阳学派。

清代西学东渐，受西学影响，中西汇通学说开始萌芽。四川成都人唐宗海以敏锐的目光捕捉西学之长，融汇中西，撰著了《血证论》《中西汇通医经精义》《本草问答》《金匮要略浅注补正》《伤寒论浅注补正》，后人汇为《中西汇通医书五种》，成为"中西汇通"的第一种著作，这也是后来人们将主张中西医兼容思想的医家称为"中西医汇通派"的由来。

名医辈出　学术繁荣

中华人民共和国成立后，历经沧桑的中医药受到党和国家的高度重视，在教育、医疗、科研等方面齐头并进，一大批中医药大家焕发青春，在各自的领域里大显神通，中医药事业欣欣向荣。

四川中医教育的奠基人——李斯炽先生，在 1936 年创立了"中央国医馆四川分馆医学院"，简称"四川国医学院"。该院为国家批准的办学机构，虽属民办但带有官方性质。四川国医学院也是成都中医学院（现成都中医药大学）的前身，当时会集了一大批中医药的仁人志士，如内科专家李斯炽、伤寒专家邓绍先、中药专家凌一揆等，还有何伯勋、杨白鹿、易上达、王景虞、周禹锡、肖达因等一大批蜀中名医，可谓群贤毕集，盛极一时。该学院共招生 13 期，培养高等中医药人才 1000 余人，这些人后来大多数都成了中华人民共和国成立后的中医药界领军人物，成为四川中医药发展的功臣。

1955 年国家在北京成立了中医研究院，1956 年在全国西、北、东、南各建立了一所中医学院，即成都中医学院、北京中医学院、上海中医学院、广州中医学院。成都中医学院第一任院长由周恩来总理亲自任命。李斯炽先生继创办四川国医学院之后又成为成都中医学院的第一任院长。成都中医学院成立后，在原国医学院的基础上，又会集了一大批有造诣的专家学者，如内科专家彭履祥、冉品珍、彭宪章、傅灿冰、陆干甫；伤寒专家戴佛延；医经专家吴棹仙、李克光、郭仲夫；中药专家雷载权、徐楚江；妇科专家卓雨农、曾敬光、唐伯渊、王祚久、王渭川；温病专家宋鹭冰；外科专家文琢之；骨科、外科专家罗禹田；眼科专家陈达夫、刘松元；方剂专家陈潮祖；医古文专家郑孝昌；儿科专家胡伯安、曾应台、肖正安、吴康衡；针灸专家余仲权、薛鉴明、李仲愚、蒲湘澄、关吉多、杨介宾；医史专家孔健民、李介民；中医发展战略专家侯占元等，真可谓人才济济，群星灿烂。

北京成立中医高等院校、科研院所后，为了充实首都中医药人才的力量，四川一大批中医名家进驻北京，为国家中医药的发展做出了巨大贡献，也展现了四川中医的风采！如蒲辅周、任应秋、王文鼎、王朴城、王伯岳、冉雪峰、杜自明、李重人、叶心清、龚志贤、方药中、沈仲圭等，各有精专，影响广泛，功勋卓著。

北京四大名医之首的萧龙友先生，为四川三台人，是中医界最早的学部委员（院士，1955 年）、中央文史馆馆员（1951 年），集医道、文史、书法、收藏等于一身，是中医界难得的全才！其厚重的人文功底、精湛的医术、精美的书法、高尚的品德，可谓"厚德载物"的典范。2010 年 9 月 9 日，萧龙友先生诞辰 140周年、逝世 50 周年，故宫博物院在北京隆重举办了"萧龙友先生捐赠文物精品展"，以缅怀先生，并表彰先生的收藏鉴赏水平和拳拳爱国情怀。萧龙友先生是一代举子、一代儒医，精通文史，书法绝伦，是中国近代史上中医界的泰斗、国学家、教育家、临床大家，是四川的骄傲，也是吾辈的楷模！

追源溯流　振兴川派

时光飞转，掐指一算，我自 1974 年赤脚医生的"红医班"始，到 1977 年大学学习、留校任教、临床实践、跟师学习、中医管理，入中医医道已 40 余年，真可谓弹指一挥间。在中医医道的学习、实践、历练、管理、推进中，我常常心怀感激，心存敬仰，常有激情和冲动，其中最想做的一件事就是将这些中医药实践的伟大先驱者，用笔记录下来，为他们树碑立传、歌功颂德！缅怀中医先辈的丰功伟绩，分享他们的学术成果，继承不泥古，发扬不离宗，认祖归宗，又学有源头，师古不泥，薪火相传，使中医药源远流长，代代相传，永续发展。

今天，时机已经成熟，四川省中医药管理局组织专家学者，编著了大型中医专著《川派中医药源流与发展》，横跨近2000年的历史，梳理中医药历史人物、著作，以四川籍（或主要在四川业医）有影响的历史医家和著作为线索，厘清历史源流和传承脉络，突出地方中医药学术特点，认祖归宗，发扬传统，正本清源，继承创新，唱响川派中医药。其中，"医道溯源"是以清代以前的川籍或在川行医的中医药历史人物为线索，介绍医家的医学成就和学术精华，作为各学科发展的学术源头。"医派流芳"是以近现代著名医家为代表，重在学术流派的传承与发展，厘清流派源流，一脉相承，代代相传，源远流长。

我们在此基础上，还编著了"川派中医药名家系列丛书"，汇集了一大批近现代四川中医药名家，遴选他们的后人、学生等整理其临床经验、学术思想，编辑成册。丛书拟选择100人，这是一批四川中医药的代表人物，也是难得的宝贵文化遗产。今天，经过大家的齐心协力终于得以付梓。在此，对为本系列书籍付出心血的各位作者、出版社编辑人员一并致谢！

由于历史久远，加之编撰者学识水平有限，书中罅、漏、舛、谬在所难免，敬望各位同人、学者，提出宝贵意见，以便再版时修订提高。

中华中医药学会　副会长

四川省中医药学会　会　长

四川省中医药管理局　原局长

成都中医药大学　教授、博士生导师

2015年春于蓉城雅兴轩

卢序

恩师成都陈氏绍宏，师从百家，千辛砥砺，怀博极医源之心，良才远负，精勤不倦，成中西之学。然谦谦君子，下恤疾苦，奋发图强，控髓海，调呼吸，蓄灌注，理胃肠，终成名医。外扬我中华医学，浩然正气，刚直不阿；内光我中医急症，立华扁功，千秋凛然。恩师造诣，久盛海内，古语云：不为良相，便为良医。参天地万物之法，排理法方药之阵，复元醒脑，逐瘀化痰，泄热息风，立中风核心之病机，终成学说，以光百家遗德。多承谬赞，似水归下，皆望拜于恩师绍宏。吾有幸得恩师垂青，先入博士之学，继之师承学术，后得条达之机，拜于陈门博士后之学，尔来二十六年矣，今是为文而论之，扬陈门之学也。

恩师步岐黄之道五十载，颇有建树，余假入室之恩，潜心学术，每到深处，师无不耳提面命，谆谆教诲。古有杏林，传承千载，每遇疾苦，奋而救之，中医急症，始萌也！仲景作伤寒而绝千古，统百家之言，中医急症，始有矩尺；后温病兴而疠疫平，中医急症，始昌也！然西技内入，效如猛虎，国医各业，百废待兴。师惑于此，每每深究，苦心孤诣，以外揣内，辨证论治，西病中证，外法内用，始得之也。然中医治病，证同方亦不同，师推而演之，急症病机之演化，各有曲直，故设专病专方，随症加减之，每遇宛莝，共事毒药，兴而伐之。后得王师今达提携，参古理，集百家之言，联中西医理，倡以通为用、西学中用之法，结病证之玄机。急症中兴，此之肇始！

然师云：药有古今，唯效是尚；法无中西，理法为通。妙用者理也！临证方知真谛也！故侍诊之功课，每日必修之，常作文而论之。今假瘟疫、胆胀、淋证、蛇串、乳蛾之属，开热病之玄机；并举一反三之法，假中风、肺胀、血证、胰瘅之属举隅而论之，合急症之学说；又有肺痿、伏梁、脾热、髓痿、暴聋之属，暌疑难之虎狼。此皆嫡于通至邪出之理，三者俱为一体也。

良师益友者，人身之幸也。故假付梓之际，不忘恩师谆教之恩，是为序。

卢云

戊戌秋分于成都中医药大学附属医院

编写说明

　　陈绍宏从事急危重症与疑难杂病的临床诊治工作五十余年，提出了具有川派中医特色的中医急症学术思想。前期，在四川省中医药管理局、成都中医药大学及附属医院的大力支持下，本书主编卢云作为陈绍宏的入室弟子，在国家中医药师承与中国中医科学院陈绍宏传承博士后在站期间，详细整理与研究了陈绍宏的特色学术思想，将陈绍宏的毕生学术精华中的部分总结成系统化、实用化的理论。

　　应本系列丛书的要求与本书编委会的设计，本书将从陈绍宏生平简介、临床经验、学术思想、学术传承、论文提要、学术年谱六部分介绍陈绍宏的学术思想及其传承研究。其中，生平简介详细记载了其生平及其在医教研方面的成就。医话是通过对疾病诊治思路的论述来反映陈绍宏的独特诊治理论，也是本书中最能体现陈绍宏独特学术理论的重要部分；医案则由陈绍宏学术接班人张晓云与入室弟子卢云在数十年的侍诊中记载整理，并选取其中代表陈绍宏学术思想的精华部分组成，与医话部分可相互印证，也便于读者结合医话部分的分析方法活学活用、举一反三。学术思想是本书主编卢云在中国中医科学院陈绍宏传承博士后在站期间，通过对陈绍宏临床经验的整理升华所得。学术传承主要记载了陈绍宏学术接班人张晓云与陈绍宏入室弟子卢云对陈绍宏学术思想的继承，是对陈绍宏学术的传承与发展。另外，由于之前尚无其他专著，陈绍宏也未曾主编其他此类著作，故第五部分着重论述陈绍宏既往发表论文详情，且足以体现陈绍宏学术发展轨迹，也能与学术年谱一道，充分反映陈绍宏的从医之路。

　　本书终能付梓，首先得益于四川省中医药管理局课题（项目编号：2014D011）与成都中医药大学校基金（项目编号：030021110）——"陈绍宏学术思想及临床经验整理研究"在资金与政策上的共同资助；同时，更要感谢恩师陈绍宏 25 年来的谆谆教导与拔擢之恩，感谢恩师对本书内容的悉心指导；感谢张晓云在编撰与审稿时所做出的无私奉献。感谢中国中医科学院博士后工作站、四川省中医药管理局、成都中医药大学、成都中医药大学附属医院急诊科全体同仁的辛勤付出。我们也希望本书的成功出版，将是对陈绍宏学术思想系统化研究成果产出的开始，本书团队及国内外陈绍宏的弟子及再传弟子，在以后将尽可能地把陈绍宏对中医学的贡献整理成册，奉献给大家！

本书编委会

2022 年 5 月

目　录

生平简介

一、个人简历

陈绍宏（1942—），男，重庆人，祖籍山东潍坊。成都中医药大学教授、主任医师、博士研究生导师，全国名老中医传承博士后指导老师。享受国务院政府特殊津贴，第四、六批全国老中医药专家学术经验继承工作指导老师，第四届国医大师，国家中青年有突出贡献专家，全国名中医，全国卫生系统先进工作者，全国中医急症先进工作者，四川省学术和技术带头人，四川省首届十大名中医，四川省首届名中医，四川省劳动模范，四川省卫生计生委首席专家。1966 年毕业于成都中医学院中医系，毕业后主动要求到风雪高原康巴藏区稻城工作，奉献青春，扎根基层 10 年，与当地同胞结下了深厚的情谊。陈绍宏充分发挥中医药"简便效廉"的优势为少数民族同胞提供医疗服务，积极致力于中医药事业在边远地区的发展。因其为民族团结做出的贡献，20 世纪 70 年代末被调回成都中医药大学附属医院工作，1984 年至 2009 年担任成都中医药大学附属医院急诊科主任。他积极致力于中医药治疗急危重症及疑难杂病的临床及科研工作，在发挥中医药优势干预突发公共卫生事件方面亦颇有建树。2008 年 5·12 汶川特大地震发生后，陈绍宏立即带领科室医护人员积极参与对灾区重伤员的抢救工作，并拟定中药处方，熬制成袋装药送至灾区，服用人次达 150 万，对防治灾后疫情起到了积极的作用。2009 年在防治"H1N1 甲流"工作中，陈绍宏作为成都市传染病医院"国家中医药管理局中医药防治传染病重点研究室"的首席专家，主持制订了中医药治疗 H1N1 甲流防治方案，在全省推广，取得了突出成绩，为国家节省卫生经费 1.7 亿元人民币。

二、担任职务

1984 年至 2009 年，陈绍宏担任成都中医药大学附属医院急诊科主任暨"全国中医、中西医结合急诊临床基地"主任。任成都市传染病医院"国家中医药管理局中医药防治传染病重点研究室"首席专家，四川省政府卫生决策专家。四川省第八届、九届政协委员，先后担任国家科技部和自然科学基金终审评委、中华中医药学会科学技术奖评审专家、中华中医药学会急诊分会副主任委员、中华中医药学会内科分会学术顾问、中华中医药学会脑病分会学术顾问、世界中医药联合会急症分会学术顾问、中国民族医药学会急诊分会学术顾问、《中国中医急症》杂志编委。

三、科研与教学

陈绍宏先后主持包括国家科技部"八五"攻关、"十一五"支撑计划、"国家新药基金""国家自然科学基金"在内的国家级项目 5 项，省部级项目 6 项，国际合作项目 2 项。先后获部省级科技进步二等奖 4 项，厅局级科技进步一等奖 1 项、二等奖 2 项；新药证书 1 项（编号：国药证字 Z20040051），国家发明专利 1 项（专利名称：用于治疗脑血管疾病的组合物及其制备方法和运用，专利号：ZL01823262.0）。

自 1984 年主持急诊科工作以来，陈绍宏将一个仅有急诊门诊和 8 张观察床的急诊室，发展成集急诊门诊、院前急救、急诊观察室、急诊病房、经典病房、EICU（急诊重症监护室）、MICU（内科重症监护室）、急诊教研室、名中医工作室为一体的"全国中医、中西医结合急诊临床基地"。

陈绍宏一直注重对团队医德医风、业务能力的培养，为全国输送中医急诊专业博士后 2 名，博士研究生 17 名，硕士研究生若干，师带徒 57 名，为全国 21 个省、市、自治区、直辖市培养中医急诊技术骨干 779 名。目前北京市中医院院长、广东省中医院珠海医院院长、郑州市中医院院长、成都中医药大学附属医院副院长，以及上海中医药大学附属龙华医院、广东省中医院、四川省中西医结合医院等三甲中医院急诊科、ICU 等主任/负责人均为陈绍宏弟子。

四、代表论著

陈绍宏主审高等中医药院校西部精品教材《中西医临床危重病学》，中国科学院教材建设专家委员会规划教材、全国高等医药院校规划教材《中西医结合急诊内科学》，卫生部"十一五"规划教材、全国高等中医药院校研究生规划教材《中医急诊临床研究》。作为副主编编写"十一五"国家重点图书：中医药学高级丛书《中医内科学》第2版；普通高等教育"十一五"国家级规划教材、新世纪（第二版）全国高等中医药院校规划教材《中医急诊学》。发表了《逐瘀化痰口服液治疗急性脑出血的临床及实验研究》《中风醒脑口服液治疗急性脑出血临床研究》《经方治疗感染性高热的临床分析》等论文。

五、学术主张及经验

陈绍宏长期致力于中医药治疗急诊内科疾病（包括疑难杂病）的研究，在学术传承上注重中医理论与实践相结合，秉承"继承不泥古，发扬不离宗"的思想；临证中注重辨证与辨病的关系，强调"辨病不言证，辨证不言病"的原则；用药上遵循"方从法出，法随证立"的原则，提出"成方配伍，以方论治"的准绳；经过50多年的临床实践，陈绍宏在应用中医药治疗中风病（单纯应用中医药治疗急性脑出血、脑梗死），外感发热（尤其是甲型流感等病毒性感染，急性化脓性扁桃体炎，咳嗽等），内伤发热（再生障碍性贫血、肝硬化、肺纤维化等），呼吸系统疾病（尤其是顽固性咳嗽、支气管扩张咯血、慢性肺心病急性期等），消化道疾病（胃及十二指肠病变、胆囊炎、胰腺炎、消化性溃疡和出血性胃炎等），冠心病（包括心绞痛、心律失常、心力衰竭）等疾病方面具有丰富的临床经验，并总结了一系列行之有效的临床治疗方案、筛选出有效方药，形成独特的中医治疗内科疾病的辨证思维和治疗经验。

针对中风病急性期，陈绍宏提出"元气亏虚为本，虚生瘀、瘀生痰、痰化火、火生风"的核心病机理论，制定"复元醒脑、逐瘀化痰、泄热息风"的治法，拟定方药制成院内制剂"中风醒脑口服液"，从 1989 年开始在医院使用，近 3 年共产销 13 万余瓶，所创造的经济效益一直居院内制剂首位。其"用于治疗脑血管疾病的组合物及其制备方法和应用"获得国家发明专利；制订的出血性中风诊疗方案于 2009 年由国家中医药管理局组织在全国 33 家单位验证，结果显示能明显降低脑出血患者的病死率和致残率。

根据"有形之血不能速生，无形之气所当急固"的理论，陈绍宏制定"益气摄血法"，拟定"甘草人参汤"治疗消化性溃疡所致上消化道大出血，临床疗效可靠、优势明显，并撰写了国家中医药管理局血脱（上消化道出血）的中医诊疗方案和临床路径。

不仅如此，在遵循仲景学说基础上，陈绍宏提出"重三经，定四型"的新理论，应用系列经方治疗感染性发热类疾病取得了满意疗效（涉及 19 个病种）。其中针对外感发热的抗高热 1 号方开发成新药"散寒解热口服液"上市，被卫生部（现国家卫生健康委员会）《流行性感冒诊疗指南（2011 年版）》和国家中医药管理局外感发热临床路径采用。制定的急乳蛾（急性化脓性扁桃体炎）中医诊疗技术和临床路径被国家中医药管理局采纳。

六、海外交流

1999 年 6 月，全球中医药发展研究院主办的"世界精英会议"在南京举行，陈绍宏在会议上做了"复元醒脑口服液治疗脑出血"的总结报告，受到了美国耶鲁大学龚忠恕博士的推崇，并被邀请至耶鲁大学进行学术访问。与来自美国哈佛大学、耶鲁大学、波士顿大学、得克萨斯州大学医学院的神经病学专家 Louis Robert Caplan、Carlos Svestka Kase、Case Philip A Wolf、Sheriman 等多次进行学术交流，陈绍宏的学术观点得到了世界顶级神经病学专家的首肯和赞赏。

2004 年 10 月，韩国庆熙大学邀请陈绍宏参加韩国中风学会学术大会，陈绍宏在会议上发表了"关于中医与中风治疗"的主题演讲。

2005 年 10 月，受日本广岛中医研究会、东京临床中医学研究会及津村株式会社的邀请，陈绍宏至日本参加中日传统医学学术交流会，并在大会上做了演讲；2006 年 10 月，陈绍宏再次被邀请至日本参加中日传统医学学术交流会，促进了中日中医学学术的发展。

2006 年 11 月，东洋学术出版社组织的研修人员来到了成都中医药大学附属医院急诊科，陈绍宏向他们介绍了中医药治疗急危重症的情况，活动结束后，东洋学术出版社专门就此次研修之旅回信陈绍宏，表示他们"感到中医学的深奥，看到了显著的治疗效果，感到非常吃惊，从现在起要越发努力学习中医学"，并表示希望能进一步巩固友谊，促进中日两国中医学的发展。

临床经验

川派中医药名家系列丛书

陈绍宏

一、医话

（一）急性脑血管病（中风）的诊治

在中医看来，急性脑血管病属中风病，按本病发生的原因、机制一般分为出血性与缺血性两种类型。患者临床表现一般为起病突然，突然晕倒、不省人事，伴言语謇塞，嘴角、面部肌肉㖞斜，肢体活动不利，或没有晕倒昏迷，仅以嘴角、面部肌肉㖞斜，部分肢体活动不利，感觉障碍等为主要临床表现。西医学在治疗上，按出血性与缺血性脑血管病的不同，提出了不同的治疗方案。出血性脑血管病一般予以脱水降低颅内高压、止血及外科引流、减压等治疗；缺血性脑血管病一般予以溶栓再灌注、脑神经保护、抗血小板聚集或抗凝等治疗。然而，经过数十年的临床实践，广大临床工作者一致认为，西医治疗效果不理想，脑出血死亡率高，部分能够存活的患者预后一般较差。从病理生理学的角度来看，脑血管病之所以能够发病，与脑部动脉粥样硬化、斑块形成以及身体各处血栓脱落，致脑部正常血液循环改变密切相关。特别是对于急性脑出血，由于人体颅腔的封闭性，当颅内出血量达到一定量时，颅内出血会因颅内压升高而出现自行压迫止血现象。一般来说，出血后 8 小时颅内出血灶将出现高凝状态，多会形成血凝块。急性脑血管病多发生于中老年人、肥胖者，以及患有高血压、糖尿病、高脂血症的患者，结合中医"老年人多气虚、多血瘀""肥人多痰湿、多气虚"的理论以及病理生理学改变，陈绍宏提出：中风病的发生，其病机为脾肾及元气亏虚，正气不足，脏腑运化失司，气血津液停聚，化痰，生瘀；且气虚则血瘀，终致痰瘀互结。痰瘀久郁，化热化火，或五志过极，化火生风，以致风火互煽，携痰瘀上逆，进而发为本病。故本病总以元气亏虚为根本，痰瘀互结为标、为实，并贯穿疾病的全程，痰瘀郁而化火、生风，风火互煽，发为本病。鉴于本病发病急暴，来势凶猛，且西医学诊断科学，陈绍宏强调：对于急性脑血管病的诊治，应以西医辨病为主，明确疾病的发生机理，在科学辨病后进行中医辨证论治，依据核心病机理论予以专病专方治疗。治疗原则为"复元醒脑，逐瘀化痰，泄热息风"，并制定了由红参、三七、酒大黄等为主药的中风醒脑口服液。对于出血性以及缺血性脑血管病，中风醒脑口服液都能起到明显的临床疗效。在前期研究中，陈绍宏发现中风醒脑口服液对于急性脑血管病的治疗是多种作用机制的共同结果：有效、平稳、持续降低颅内高压，拮抗钙离子，减轻损伤部位脑组织水肿程度，降低血液黏度，清除自由基，抑制氧化应激反应，减轻线粒体损伤及细胞凋亡等，对缺血性、出血性脑组织有明显保护作用。在国家中医药管理局、中华中医药学会的大力支持下，陈绍宏带领团队进行了中风醒脑口服液治疗急性脑出血的随机、双盲、安慰平行对照试验。该试验共纳入 235 名患者，其中接受中风醒脑口服液治疗患者为 119 例，最终研究结果表明：中风醒脑口服液能够降低急性脑出血患者的死亡率，明显促进血肿吸收。在脑梗死的治疗上，中风醒脑口服液能使患者恢复时间明显缩短，症状、体征得到明显改善，生活质量明显提高，具有很好的优势。

急性脑血管病（中风）验案

李某，男，60 岁，因"右侧肢体活动不利 3 天"于 2015 年 3 月 6 日就诊。

初诊：患者 3 天前突然出现右侧肢体活动不利，轮椅推入就诊，右侧肢体肌力 2+ 级，口角㖞斜，言语欠清，精神差，神疲乏力，形体消瘦，食少，伸舌偏向一侧，大便干，小便尚可。舌质红，少苔，脉细涩。头颅 CT 左侧基底节区脑梗死灶。

中医诊断：中风（中经络）。

西医诊断：急性脑梗死。

辨证：气虚血瘀证。

治法：复元醒脑，逐瘀化痰，泄热息风。

方药：中风醒脑方。

生大黄、红参、川芎、三七粉^{（冲服）}（具体用药及用量保密）。

生大黄、红参、川芎、三七粉[冲服]（具体用药及用量保密）。

煎服法：水煎煮，取汁 300mL，1 日 3 次，每次 100mL。

二诊：患者服上方 5 剂后，右侧肢体肌力 3+ 级，言语清晰，精神饮食仍较差，服前方后大便稀溏，每日 2～4 次，减少大黄用量，再予 7 剂治疗后，三诊患者无须拐杖即可行走，行走仍不利，言语清晰，进食可，无呛咳，二便调。效不更方，继用前方 10 剂。

按: 中风分为缺血性中风和出血性中风,常以猝然昏仆,不省人事,半身不遂,口眼㖞斜,言语不利为特征。《黄帝内经》所论"仆击""偏枯""偏风""煎厥""薄厥""痱风"等病名与现代"中风"类同。在陈绍宏中风病学术思想形成的过程中,李东垣、张景岳关于中风病的论述对陈绍宏影响最大。李东垣强调内在因素,认为中风是由于人体"正气自虚"而成,即"中风者非外来风邪,乃本气自病",而正气不足,根源在于脾胃不足。在《医学发明·中风有三》中也记载:"《内经》曰:人之气,以天气之疾风名之。故中风者,非外来风邪,乃本气病也。凡人年逾四旬,气衰者多有此疾。壮岁之际,无有也。若肥盛,则间有之,亦形盛气衰。"《脾胃论·胃虚元气不足诸病所生论》中亦有"邪之大者,莫若中风……必中虚"之论,明确指出中风的发病并非外感风邪所致,乃起因于正气自虚。治疗上提出"和脏腑,通经络,便是治风"。同时对中风分证论治进行了总结:"然轻重有三:中血脉,则口眼歪斜,亦有贼风袭虚,伤之者,中腑则肢废,中脏则性命危急……中血脉……则从小续命汤加减及疏风汤治之;中腑……宜养血通气,大秦艽汤、羌活愈风汤治之;中脏,痰涎昏冒,宜至宝丹之类镇坠。"此外李东垣对于用药禁忌亦有论述,提出中风之治禁忌有二,其一是病位"在血脉、在腑者,初不宜用龙、麝、牛黄",以免引邪入内,其二是"不可概用大戟、芫花、甘遂泻大便,损其阴血,真气难愈"。

张景岳在《景岳全书·诸风》中专门对中风进行了论述,他认为中风乃由内伤积损所致,提出"中风非风"观点,明确指出中风病非外感风邪所致,而是"内伤之里证"。不仅如此,张景岳还注意到中风发病与年龄有关,提出"年逾四旬气衰"之说;辨证强调辨别病位,重深浅虚实之别,即"虚实之异,尤当察焉",提倡中风病辨证时"必以四诊相参"方能得出符合临床实际的病情诊断;治疗则强调"培源固本"的治则,不滥用攻伐,但又不废祛邪以治标之法。

陈绍宏在继承李东垣"正气自虚"及张景岳"内伤积损"学术理论的基础上,通过自身的临床经验和理论探索,认为中风的基础病机是元气亏虚为本,气虚生瘀、血瘀生痰、痰郁化火、火极生风,风火相煽,发为中风,创立了中风醒脑方,并开发成中风醒脑口服液。方中重用红参为君药,大补元气,补益脏气,以针对中风元气虚的病机本质,气能行血,补气又可推动血行,加强方中三七等活血化瘀之功;三七既能活血化瘀,又能止血,止血不留瘀,活血不伤正。川芎既能活血，又能行气，上行头目，下行血海，乃血中气药。大黄在活血祛瘀的同时，又能通腑以泄热息风，且可制约红参温燥之性。诸药合用，达到复元醒脑、逐瘀化痰、泄热息风之效。人参补气能摄血，三七止血，大黄凉血止血，故本方亦可用于出血性中风。

（二）急性化脓性扁桃体炎的诊治

急性化脓性扁桃体炎主要是指发生于腭扁桃体的一种急性非特异性炎症，常由乙型溶血性链球菌、葡萄球菌、肺炎双球菌等引起。发生本病后主要临床表现为高热、咽痛，伴畏寒、头痛、全身酸痛等。西医治疗常予以抗生素、糖皮质激素，但药物实际起效慢，发热、咽痛等症状一时难以消除，易反复，为患者带来了诸多不适。结合病理生理学可知：本病急性期主要由于细菌引起局部组织充血、水肿、坏死，以及致病源释放相关介质引起中毒症状为主。因此，能够及时清除致病源及相关介质，缓解局部炎症反应，就成了治疗要点。中医学将本病归于"乳蛾"范畴，《疡科心得集·辨喉蛾喉痈论》言："夫风温客热，首先犯肺，化火循经上逆入络，结聚咽喉，肿如蚕蛾，故名喉蛾。"认为其多为风热乘虚外袭，火热邪毒搏结喉核而成。陈绍宏指出，将中医学"取类比象"的思想与全息医学理论结合于此：咽喉局部内镜直视下可见局部红、肿、充血、黄色脓性渗出，犹如中医的"痈"。致病源、局部组织病变犹如咽喉部"痈毒"，痈毒走黄，故出现高热、畏寒、头痛、全身酸痛等不适。故其在急性期，病机多为风热外袭，热毒内盛。参"脓成决以刀针"之理，尽早清除"痈毒"才是治疗本病的根本方法。急性期辨证多属风热外袭，热毒内盛；治宜以通为用，清解疏表；方选普济消毒饮轻清升散走表，祛除邪气。若表证较甚，合川芎茶调散；若成脓未溃、脓性分泌物较多，合透脓散；若急性期或中期出现大量淋巴滤泡增生者，结合病理生理学，局部为增生、纤维化，内镜直视下局部颜色暗淡、粗糙，结合中医思维，可将其视为"癥瘕"结于局部，治疗上应予以软坚散结、活血祛瘀之法，加象贝母、三棱、穿山甲之属。普济消毒饮方中之药走手太阴少阴、足阳明之经，既能清解咽喉痈毒，也能借交通咽喉经络扼杀传遍他经之痈毒。近年来，本方在临床上用于治疗流行性腮腺炎、带状疱疹、丹毒等疾病取得了显著的疗效。通过对普济消毒饮水煎剂药理学研究发现：其对链球菌、金黄色葡萄球菌、白色葡萄球菌有较强的抗菌作用。

急性化脓性扁桃体炎验案

患者王某，女，27岁，因"发热、咽喉疼痛1天"于2016年4月15日就诊。

初诊：患者1天前出现发热、咽喉疼痛。来院症见：咽喉肿痛，吞咽时加重，头痛，全身酸痛，小便黄，大便干。舌质红，苔黄，脉数。查体：体温40.0℃，双侧扁桃体Ⅲ度肿大，可见大量黄白色脓点。血常规：WBC（白细胞）21.1×10^9/L，N%（中性粒细胞比例）95%。

中医诊断：急乳蛾。

西医诊断：急性化脓性扁桃体炎。

辨证：风热外袭，热毒壅盛证。

治法：疏风清解，透热外达。

方药：普济消毒饮合川芎茶调散加减。

金银花 30g	牛蒡子 15g	玄参 30g	桔梗 30g
生升麻 15g	柴胡 15g	马勃 15g	连翘 30g
炒僵蚕 15g	薄荷 15g	川芎 15g	赤芍 15g
荆芥 15g	防风 15g	白芷 15g	薏苡仁 30g
生甘草 10g			

嘱患者频服，服2剂后发热、疼痛诸症消失，6剂后扁桃体肿大及脓点完全消失。

按： 急性化脓性扁桃体炎多由风热外袭、热毒蕴结于喉而成，一般治疗常清热解毒、消肿散结，用清咽利膈汤或普济消毒饮等方剂。普济消毒饮出自《东垣试效方》，用于治疗"大头瘟"，吴鞠通在《温病条辨·上焦篇》第18条论述："温毒咽痛喉肿，耳前耳后肿，颊肿，面正赤，或喉不痛，但外肿，甚则耳聋，俗名大头温，虾蟆温者。普济消毒饮去柴胡、升麻主之。初起一二日，再去芩、连，三四日加之佳。"陈绍宏认为，本病与"大头瘟"虽有不同，但两者病位同在上焦，证候同见发热、咽喉肿痛、脉数，病机同属外感风热、热毒壅盛，治法同为外散风热，内清热毒，故选普济消毒饮治疗本病，实属"异病同治"。方中原有人参，据《素问·评热病论》"邪之所凑，其气必虚"的理论，其作用为扶助正气。但陈绍宏在临床中发现，此病好发于青年，病势多为邪盛正旺，而鲜有气虚之人，故临证时多去人参不用。

陈绍宏在临床中除用普济消毒饮外，还常合用川芎茶调散，如果成脓未溃，还可加用透脓散。在苦寒之中合用辛温之品，一方面，川芎茶调散中的白芷、细辛、羌活等止痛的力量很强；另一方面，取"火郁发之"之意，与其单用清热解毒之品苦寒直折其热，不如同时使用辛温透散之品给邪以出路，后者更利于清除热毒。

在总结陈绍宏治疗急乳蛾经验的基础上，在国家中医药管理局的大力支持下，陈绍宏所在团队制定了以普济消毒饮为主要治疗方药的急乳蛾中医诊疗方案，并采用随机、平行、多中心的研究方法，在全国43家医院，共纳入1243例患者进行了临床观察，观察结果显示，以普济消毒饮为主方的急乳蛾中医诊疗方案，相比于西医诊疗方案具有明显优势，中医诊疗方案在缓解局部炎症状态、缓解症状、改善体征、降低治疗费用方面具有优势。

目前，中医治疗急乳蛾的难点一方面在于本病的易于复发，急乳蛾的危害性往往大于急乳蛾本身，主要是由于本病易反复发作形成慢性扁桃体炎，最后往往需要西医外科的手术治疗。究其原因主要是患者免疫力低下，长期烟酒刺激，或者饮食不节，喜食肥甘厚味、辛辣之品，以及生活调摄不慎，熬夜、作息不规律等情况造成的。临床中医多归于中焦不足之证，在锻炼身体、加强免疫力，改善生活、饮食等不良习惯之后，仍有不少的复发比例。西医学研究表明：胃肠道是成人最大的免疫器官，危重患者最终都会有胃肠功能紊乱的问题，加强胃肠功能是调节免疫力的一个切实可行的方法。反之，胃肠功能紊乱者存在免疫力低下的情况。胃肠功能紊乱主要表现：反复发作的连续性嗳气，咽部异物感，两胁和胃脘部的胀闷、窜痛，以及胃内无以名状的不适感，无饥饿感或时而食欲旺盛，时而无食欲，胃内上冲上逆，打嗝、口干、口苦、胸闷、善太息、反酸、嗳气、厌食、恶心、呕吐、剑突下灼热感、食后饱胀、上腹不适或疼痛，每遇情绪变化则症状加重。肠神经官能症又称肠易激综合征，为胃肠道常见的功能性疾病，以肠道症状为主，患者常有腹痛、腹胀、肠鸣、腹泻和便秘，左下腹痛时可扪及条索状肿物，腹痛常因进食或喝冷饮而加重，在排便、排气、灌肠后减轻。腹痛常伴有腹胀、排便不畅感或排便次数增加、便可稀可干等症状。过去称此为结肠功能紊乱、结肠痉挛、结肠过敏、痉挛性结肠炎、黏液性结肠炎、情绪性腹泻等。以上症状符合中医学中焦不足证的表现，或为脾气亏虚、中焦失运，或为中焦虚寒，或为脾虚湿困，总之归于中医的中焦脾胃。故临床医生应嘱急性扁桃体炎患者待病情痊愈后进行长期养生调养，改善生活、饮食习惯，以预防复发；在提高免疫力的同时，治疗中焦病变；可以予以益气健脾的中药制剂如参苓白术散，制成散剂长期服用以固护中焦。

　　另外，临床医生在应用诊疗方案治疗急性扁桃体炎患者时，需注意方案中所适应的人群，尤其对于那些伴有局部或者全身并发症，如扁桃体周围脓肿或者风湿热的急性扁桃体炎患者，此时应立即予抗生素或者激素等西药治疗，不应单纯固守于中医中药，对于一些年幼、老年或者机体免疫力低下的患者，若应用中医诊疗方案仍不能迅速取得良好的临床疗效，应根据病情尽早选用敏感的抗生素进行治疗，如病情十分急迫，可于首次就诊时使用，以期杀灭感染病菌，缓解患者痛苦，防止病情恶化。同时，对于上述患者，临床医生在予患者西药治疗同时，仍可配合使用诊疗方案予以中医药进行辅助治疗，既可以缩短患者病程，又可以减轻患者的痛苦，更能有效地减少西药的副作用。

（三）慢性阻塞性肺疾病急性加重期、慢性肺源性心脏病失代偿期的诊治

　　慢性阻塞性肺疾病、慢性肺源性心脏病是我国中老年人群常见的慢性疾病。临床中，患者除了表现为咳嗽咯痰、气紧喘息、心慌胸闷、水肿等，发热往往是就诊的主要原因。西医治疗一般为积极控制呼吸道的病原微生物感染，控制气道分泌物、保持呼吸道通畅，降低体内二氧化碳潴留、提高血氧浓度，纠正水、电解质失衡，预防和治疗各种并发症。但临床疗效往往较差，特别是祛痰剂效果十分不理想，患者死亡率仍较高。结合本病急性期病理生理，呼吸道急性感染是诱发疾病加重的根本原因，携带微生物的痰液直接或间接引起发热是关键。因此，在积极进行抗感染、改善通气功能的同时，及时介入中医药促进痰液引流就成了重要切入点。中医学认为本病为"喘病""肺胀"之属。《诸病源候论·上气鸣息候》云："肺主于气，邪乘于肺则肺胀，胀则肺管不利，不利则气道涩，故上气喘逆，鸣息不通。"肺部感染的一大特点是分泌物、渗出物的积聚，痰液积聚于内，犹如"痈毒"内存，不断侵扰机体，因此，及时祛除"痈毒"窠臼才是治疗的关键。通过长期临床观察，陈绍宏发现，无论病性属寒，还是属热，本病基本

病理变化总与"痰""气"相关，而着重治热或治寒，并不能取得十分理想的疗效，甚至会适得其反。故在临床上，陈绍宏往往从痰论治，基本证型多为痰浊蕴肺，肺气闭郁；治宜宣肺平喘，化痰止咳；拟基本方药三拗汤、瓜蒌薤白半夏汤、桔梗汤合方治疗。若兼有气短难续，乏力，语声低微，面色萎黄，不思饮食，便溏或虚坐努责，舌淡，脉细弱，证属肺脾两虚者，治宜宣肺平喘，化痰止咳，健脾益肺，在前方基础上合香砂六君子汤以健脾益肺。若兼有心慌心悸，咳而上气，动则喘甚，不能平卧，身以下肿甚，小便短少，颜面晦暗，形寒肢冷，舌淡胖或紫暗，苔白滑，脉沉细或结代，证属阳虚水泛者，治宜宣肺平喘，化痰止咳，温阳利水，在前方基础上合真武汤或苓桂术甘汤或五苓散以温阳利水。对于病史久缓，年老体弱者，常合并绿脓杆菌感染，患者常常咳吐青绿色脓痰，病程迁延。陈绍宏认为：绿脓杆菌感染常发生在免疫力严重低下的患者身上，绿脓杆菌是一种条件致病菌，往往很容易产生耐药，使机体长期感染不愈，长期消耗，患者机体逐渐衰弱。从中医学的角度来看，患者咳吐青色脓痰，辨病性当为阴、寒，犹如"阴疽脓肿"积于肺部，久久不愈。故病机为阳气内虚，阴痰内生，阻隔肺络，郁久成疽；辨证多为阳气内虚，阴痰内生；治疗上宜温阳化痰，托里内消；选方阳和汤合透脓散加味。若阳气虚不甚，可去阳和汤，单用透脓散托里内消。现代药理学研究也发现：方药中的麻黄具有舒张支气管平滑肌功效，附子有增强心肌收缩力、利尿的作用；苦杏仁、瓜蒌、半夏具有良好的祛痰止咳功效；桔梗则能够产生优于西药的祛痰止咳、抗炎、改善微循环作用；穿山甲、皂角刺具有良好的抗炎作用；黄芪、鹿角胶能增强人体免疫。香砂六君子汤成方的药理研究则发现其能抑制胃黏膜瘀血、水肿等病理变化，减轻炎细胞浸润，减少上皮化生；能较好地拮抗胃黏膜的慢性损伤；促进胃液分泌，增加已减少的胃窦细胞，改善胃肠道的内分泌功能，还能调节细胞免疫及体液免疫。而对基础方合真武汤或苓桂术甘汤的研究则发现其能够抑制人体内抗利尿激素的产生，从而减轻周围组织水肿。

综上，通过长期的临床实践，陈绍宏将本系列方剂用于慢性阻塞性肺疾病急性加重期、慢性肺源性心脏病失代偿期的治疗作用总结为：①稀释痰液，促进痰液引流，改善通气，提高抗感染的效果；②增进患者食欲，改善营养，防止呼吸肌疲劳；减少呼吸机待机时间；③降低肺动脉高压，改善右心功能；④每剂中药

含 K^+ 为 90 ～ 110mmol/L，可补充 K^+，防止低钾性碱中毒；⑤温阳的中药能提高人体的免疫力，减轻人体对糖皮质激素的依赖，缩短激素的使用时间。

1993 ～ 2002 年，在国家中医药管理局的支持下，由陈绍宏领衔的"中西医结合治疗肺心病的单病种管理"研究项目共纳入慢性肺心病失代偿期患者 1171 例，临床观察发现其病死率为 8.5%，显效率为 64.1%，平均住院天数 15.13 天，平均住院费用 5236 元，均较纯西医治疗具有明显的优势。2006 年，在四川省中医药管理局的大力支持下，陈绍宏从中西医结合治疗慢性肺心病失代偿期入手，采用循证医学原则，进行了前瞻性、多中心、随机、对照临床研究，研究了一个适合中国国情的中西医结合治疗肺心病的综合治疗方案。此方案可以降低病死率和致残率，改善心肺功能，减少平均住院天数和复发次数，降低住院费用，提高生活质量。2008 年，专家评定该方案已达到国内领先水平，并作为国家卫生部第二轮面向全国推广适宜技术十年百项计划第八批项目（项目编号：2008-14），于 2009 年 9 月开始向四川、贵州、青海、云南、宁夏、陕西、山东、湖北、广西、吉林等十省、自治区进行推广，先后举办专业学术推广活动 27 场，培训西医临床医生共 2 万多人。

慢性阻塞性肺疾病急性加重期验案

患者邓某，女，74 岁，因"反复咳嗽喘息 10 余年，加重伴发热 5 天"于 2014 年 10 月 28 日就诊。

初诊：10 年前患者受凉后出现咳嗽喘息，咳白色泡沫痰，量少，服用感冒药后稍缓解。此后，上述症状反复出现，秋冬之季加重，6 年前于外院行肺功能检查，诊断为慢性阻塞性肺疾病；5 天前，患者上述症状加重，咳出少量黄色黏痰，质稠难咳，并出现发热（最高体温 40.5℃），遂就诊于我院。症见：咳嗽喘息，胸闷气短，张口抬肩，倚息不能平卧，痰黄难咳，面色晦暗。舌暗紫，苔白润，脉沉细无力。

中医诊断：喘病（陈绍宏不建议称肺胀）。

西医诊断：慢性阻塞性肺疾病急性加重期。

辨证：痰浊蕴肺，肺气闭郁证。

治法：宣肺平喘，化痰止咳。

方药：三拗汤合瓜蒌薤白半夏汤合桔梗汤。

炙麻黄 15g　　　　炜苦杏仁 20g　　　瓜蒌皮 30g　　　薤白 15g

法半夏 15g　　　　桔梗 30g　　　　生甘草 6g

煎服法：6 剂，水煎煮，沸后 15 分钟左右取汁，每 2 剂共取汁 600mL，分 6 次服完，1 日 3 次，每次服 100mL。

二诊：患者服药后咳出较多黄痰，痰液较前质稀，喘息气短，腹胀便溏，食欲下降，舌暗有齿痕，苔白，脉沉弱。治以宣肺平喘，化痰止咳，健脾益肺；方选三拗汤合瓜蒌薤白半夏汤合桔梗汤合香砂六君子汤。

炙麻黄 15g　　　　炜苦杏仁 10g　　　瓜蒌皮 15g　　　薤白 15g

法半夏 15g　　　　木香 15g　　　　砂仁 15g　　　　陈皮 20g

生晒参 15g　　　　茯苓 15g　　　　炒白术 15g　　　生甘草 6g

6 剂，煎服法同上。服药后，患者不适症状逐渐好转，病情平稳。

按：喘病或称肺胀是多种慢性肺系疾病反复发作，迁延不愈，肺脾肾三脏虚损，以喘息气促，咳嗽咳痰，胸部膨满，胸闷如塞为临床特征的病症。《灵枢·胀论》说："肺胀者，虚满而喘咳。"隋代《诸病源候论·咳逆短气候》载："肺虚为微寒所伤则咳嗽，嗽则气还于肺间则肺胀，肺胀则气逆。而肺本虚，气为不足，复为邪所乘，壅痞不能宣畅，故咳逆短气也。"患者往往患肺系慢性疾病多年，迁延失治，加之年老体虚，肺肾俱不足，体虚不能卫外，易感受外邪，促使本病反复发作。病变首先在肺，继则影响脾、肾，后期病及心、肝。因肺主气，开窍于鼻，外合皮毛，主表卫外，故外邪从口鼻、皮毛入侵，每多首先犯肺，导致肺气宣降不利，上逆而为咳，升降失常则为喘，久则肺虚，主气功能失常。若肺病及脾，子盗母气，脾失健运，则可导致肺脾两虚。方中用麻黄、苦杏仁宣肺止咳，瓜蒌、薤白、陈皮宽胸理气，人参、白术、茯苓、甘草补益肺脾之气；陈皮、半夏化饮止咳，共奏平喘化痰、健脾益肺之功。慢性阻塞性肺疾病、慢性肺源性心脏病实属同一类疾病发展的不同阶段，陈绍宏认为其基本病机、证型皆为一体。对于本类疾病急性加重期、失代偿期的诊治，陈绍宏强调以下三点：

1. 宜宣肺，忌滋敛：《素问·灵兰秘典论》云："肺为相傅之官，治节出焉。"肺居胸中，为华盖，主气司呼吸，朝百脉而助心行血，并能通调水道，宣发卫气，护卫肌表。凡此种种均赖肺之宣降功能得以实现，急性发作期肺气已为痰浊、水饮、瘀浊所困，不能宣降，故诸症丛生，当此之时，急以祛除浊邪，助肺宣降为要务，切不可见咳止咳，见喘止喘，猛用敛肺之品而加重肺气闭郁。肺脏清灵，喜洁净而恶滋腻，过用滋腻之品亦可助肺敛邪，同时肺喜燥恶湿，不可过用寒凉敛肺。

2. 宜温化，忌寒伐：本类疾病急性期多为外邪所引发，因临床可能会见发热，咳嗽，咳吐黏痰，甚至痰黄，检验可能有血象升高，医者便言肺热壅盛，投入大剂清热解毒之品，结果变证随生，医者以为病重难医，而不知治之有误。因此时虽有上述似热之表现，但纵观全身并无热象，而是表现为口淡不渴，或渴喜热饮，声低懒言，咳痰无力，身软乏力，畏寒肢冷，易于外感等一派虚寒之象。因此治疗上宜温而不宜寒，温能助肺宣发，驱散外邪。急性期出现水肿时，更应温阳化气，不可寒伐，因水为阴类，非温不化，如前人所言："治痰饮者，当以温药和之。"

3. 宜补气，忌逐瘀：本类疾病在病理演化中有瘀血因素的存在，其皆由久病咳喘发展而来，肺脾两脏相互影响，终致肺脾气虚，水湿不化，助生痰浊而内蕴于肺。"脾为生痰之源，肺为贮痰之器"，痰浊为有形之邪，必碍肺之气机升降，气行不畅则血行不利而致血瘀。同时肺脾气虚，宗气不足，肺朝百脉失司，无力助心行血亦可导致血脉瘀阻。由此可见，此瘀血是由脏器虚损所致，主要矛盾仍为"痰""气"，治宜健脾、补肺、化痰，气旺则运血有力，肺气宣降正常，则能朝百脉，瘀血自除。但若在急性发作期使用大剂量破血逐瘀之品，必更伤正气，气虚极不能摄血，则有吐血、便血而危及生命之虑。

（四）特发性肺纤维化的诊治

特发性肺纤维化是一种原因不明的、进行性的、局限于肺部的以纤维化伴蜂窝状改变为特征的疾病。根据流行病学调查，特发性肺纤维化的发病率呈逐年上升趋势，目前约为 16.3/10 万，且 3 年内急性恶化发生率为 20.7%。患者临床主要表现为咳嗽、咳痰，心累气短，动则加重，消瘦，乏力等。治疗上常予以糖皮质激素、细胞毒性药物、抗凝、抗纤维化以及肺移植等，但目前西医治疗仍存在诸多问题与挑战：糖皮质激素仅对 20% 患者治疗有效，且长期运用糖皮质激素副作用大，感染风险高；细胞毒性药物基本无效；以吡非尼酮为代表的抗纤维化药物，缺乏可靠的循证医学证据，是否改善长远预后未知，价格高昂，患者经济负担重；肺移植患者 5 年生存率仅 49% 左右，且多数患者疾病进展快，多数死于呼吸衰竭与继发性感染。在中医学中，对特发性肺纤维曾有详细的记载，《黄帝内经》曰"风寒客于人……弗治，病人舍于肺，名曰肺痹，发咳上气""凡痹之客五脏者，肺痹者，烦满喘而呕"。《黄帝内经》指出六淫之邪外袭，内舍于肺可发生肺痹。之后经过历代医家对本病的不断深入认识，根据其发病过程及临床表现将其归于"肺痹""喘证""肺痿"的范畴。《症因脉治·肺痹》也曾详细记载："肺痹之症，即皮痹也。烦满喘呕，逆气上冲，右胁刺痛，牵引缺盆，右臂不举，痛引腋下。"对其病机的认识则多为外邪内侵，痰浊内盛；肺气虚弱，痿废不用，气津停聚；治疗上则往往予以宣肺化痰，降气平喘或补益肺气，化痰降气之法；常用三拗汤、导痰汤、炙甘草汤、甘草干姜汤。但是，通过长期的临床实践，陈绍宏发现，在此法指导下治疗的患者，其症状往往缓解缓慢，甚至疗效不佳，病情及生活质量仍然处于不断恶化的状态。陈绍宏通过对临床患者治疗回顾分析指出：对于本病，西医病理认为与肺间质、肺泡、肺小血管或末梢气道存在不同程度的炎症、胸膜下明显结节、广泛瘢痕化的肺实质有关。《杂病源流犀烛·积聚癥瘕痃癖痞源流》曰："瘕者假也，假血成形。"《罗氏会约医镜》云："瘕者得之伤血，肋间有块如石。"而林珮琴在《类证治裁·痹症》中提出："诸痹……良由营卫先虚，腠理不密，风寒湿乘虚内袭，正气为邪气所阻，不能宣行，因而留滞，气血凝滞，久而成痹。"结合古典中医思维，陈绍宏认为本病为"肺痹""癥瘕"范畴。患者心累气短、动者加重，为气虚表现，气虚不能行血，故出现血瘀，且长期咳痰，可知其病机为气虚血瘀，痰浊内积。且本病常多发于中老年患者，"年老者多瘀、多虚"，故辨证当属气虚痰瘀为主；法当益气活血，软坚散结，豁痰宽胸为用；选方：益气活血散（人参或红参、川芎、丹参、三七）合瓜蒌薤白半夏汤加味地龙、黄芪等。现代药理研究证实，地龙能扩张支气管，缓解呼吸困难，能够协同丹参药物作用。丹参中的丹参素治疗后肺组织超氧化物歧化酶活性增强，提示丹参素能够抑制或减缓肺纤维化的发生、发展。川芎能改善血液循环，具有防治肺血管微小血栓形成的作用。三七中的三七总苷能够减轻肺纤维化的程度，能协同糖皮质激素增强抗纤维化作用，减少激素用量与副作用。人参、黄芪具有抗炎、抗过敏、抗氧化，调节人体免疫的作用。而瓜蒌、薤白、半夏同样具有抗肺纤维化的作用，同时具有抗缺氧、抗肺动脉高压、促进痰液排出的作用。前期，在四川省中医药管理局的大力支持下，陈绍宏带领团队采用随机、对照临床试验的方法，纳入 54 例气虚血瘀型特发性肺纤维化患者，经采用益气活血散合瓜蒌薤白半夏汤加减治疗 6 个月后，中西医结合治疗组患者的症状改善、血气分析指标、肺功能指标、圣乔治呼吸评分量表、6 分钟步行试验、1 年内再次住院率均有明显改善。中西医结合治疗组有效率为 66.67%，明显高于纯西医治疗组 37.04% 的有效率。

特发性肺纤维化验案

患者胡某，男,67 岁，因"气短 8 个月，加重 1 周"于 2014 年 8 月 21 日就诊。

初诊：患者诉 8 个月前受凉后出现气短、咳嗽症状，其后上症反复，1 周前气短加重，曾于外院诊治无效，故来我处就诊。症见：气短，伴咳嗽，痰黏难咳，动辄加重，伴体倦乏力，多自汗出，畏寒，纳可，夜眠可。舌质暗，苔白厚，脉缓。辅助检查：肺功能示 $FEV_1\%$ 50.2%，FVC% 43.5%，DLCO% 47.6%。胸部 CT 双下肺毛玻璃影，提示间质纤维化病变。

中医诊断：肺痹。

西医诊断：特发性肺纤维化。

辨证：风寒袭肺，气虚痰阻证。

治法：宣肺散寒，益气化痰。

方药：三拗汤合瓜蒌薤白半夏汤加减。

炙麻黄 10g	燀苦杏仁 15g	瓜蒌皮 15g	薤白 15g
桔梗 20g	丹参 30g	地龙 15g	薏苡仁 15g
党参 15g	炒白术 15g	细辛 6g	辛夷 15g
木香 15g	砂仁 15g	藿香 15g	金礞石 15g
豆蔻 15g			

煎服法：7 剂，水煎煮，沸后 30 分钟左右取汁，1 日 1 剂，1 日 3 次，每次服 150mL，饭后半小时温服。

二诊：服药 1 周后，患者气短、体倦乏力稍缓解，仍咳嗽，咳痰不爽，予上方去豆蔻，加用草果仁 15g、茯苓 15g、陈皮 15g、三棱 10g、白芥子 10g。4 剂，煎服法同上。

三诊：服药后，患者咳嗽、咳痰较前缓解。予以益气活血散合瓜蒌薤白半夏汤加减。

生晒参 30g	丹参 30g	地龙 15g	三七粉 15g（冲服）
瓜蒌皮 15g	薤白 15g	法半夏 15g	川芎 15g
燀苦杏仁 15g	桔梗 20g	炙黄芪 30g	

煎服法：水煎煮，沸后 20 分钟左右取汁，2 日 1 剂，每次服 150mL，饭后半小时温服。

随访未出现气短加重，半年后复查肺功能：$FEV_1\%$ 54.2%，$DLCO\%$ 52.8%。

按：本案中肺纤维化致病原因不明，然患者年老体衰，精气渐衰，肺脾肾三脏俱虚，无以外固皮毛，内调气血，出现卫外不固，易受风寒侵袭，导致畏寒、自汗等；气血失调，故气滞血瘀，津聚而成痰，出现咳嗽、痰黏难咳；加之肺气亏虚，中气不足，宣肃失常，气逆于上，故见气短之症。故归纳病机为风寒袭肺、气虚、痰湿阻络；治以三拗汤加细辛、辛夷外散风寒，瓜蒌薤白半夏汤加砂仁、藿香、豆蔻、桔梗祛痰利气宽胸，丹参、地龙活血通络，党参、白术健脾益气，以养后天。二诊时，患者气短、自汗、乏力等症稍缓解，但痰黏似胶，故加用草果仁、陈皮、白芥子、茯苓排痰利湿之品，增大化痰力度；陈绍宏于临床诊疗中发现，加用活血破血，甚或虫类药物有益于顽痰、老痰的祛除，故加三棱增强其活血破血之力。由本案可见，在诊病时尚需辨证，切不可只抓核心病机，而分不清标本虚实。患者往往由外感邪气而诱发加重，故临证时需首先祛除外邪。

明代王肯堂所著《证治准绳》中首次提出五脏痹的具体治法，曰："五脏痹宜五痹汤，肝痹加酸枣仁、柴胡，心痹加远志、茯苓、麦门冬、犀角，脾痹加厚朴、枳实、砂仁、神曲，肺痹加半夏、紫菀、杏仁、麻黄，肾痹加独活、官桂、杜仲、牛膝、黄芪、萆薢等。"明代秦景明撰，清代秦皇士补辑之《症因脉治·肺痹》曰"肺痹之症，即皮痹也。烦满喘呕，逆气上冲，右胁刺痛，牵引缺盆，右臂不举，痛引腋下"，治用橘皮丸、杏仁丸、当归汤、五味子汤、泻白散、生脉散、人参平肺散等。清代叶天士《幼科要略》指出"治肺痹以轻开上""清邪在上，必用轻清气药，如苦寒治中下，上结更闭"，指明肺痹用药需轻清灵动，方能引药上行，使药物直达病所。

肺痹的发生、发展及演变的过程中，正气不足为本，"虚""痰""瘀"贯穿疾病的始终。有很多医家从"痹"论治的方法运用于肺纤维化治疗的始终，取得了较好的效果，早期的肺纤维化患者，以气滞、气虚为主，治疗中可以增强行气的力量，中药可以重用川芎、黄芪，川芎为血中之气药，既行气，亦活血，加用黄芪，补气药之长，可以增强益气行气之力；中后期患者临床可见杵状指、爪甲青紫、唇绀、舌紫暗等血瘀之象，临床宜加强活血通络之力，此时久病入络，瘀血痰浊相互搏结，胶阻于肺络，非一般的活血力量可以起效，用药当加重活血药的用量，并可以应用破血搜剔之品，临床可选川芎、丹参、三棱、莪术、乌蛇、全蝎等药物。

（五）慢性萎缩性胃炎的诊治

慢性萎缩性胃炎往往由幽门螺杆菌感染、自身免疫性疾病以及环境因素等引起，以淋巴细胞浸润为主要特征的胃黏膜慢性炎症性疾病，严重者可出现固有腺体萎缩、肠上皮化生、假幽门腺化生、上皮内瘤变，与胃癌的发生有一定的相关性，是一种癌前病变。在临床上，患者无特异性的症状，多数患者无症状，少数患者表现为不同程度的消化道症状：上腹部隐痛、胀感、食欲减退、反酸、恶心等；相当一部分患者直到出现消瘦、贫血、腹泻，甚至胃癌时才就诊。西医在治疗上强调清淡易消化饮食，幽门螺杆菌根除疗法，以及促胃肠动力等对症支持治疗；对于癌前病变的干预，目前主张内镜下治疗。然而，值得深思的是，幽门螺杆菌根治虽然能迅速见效，但停药后复发概率高，随着细菌耐药的出现，治疗时间不断延长，联用抗生素不断增多，由此引发的胃肠道菌群功能失调、肝肾损害等副作用日趋显著。部分患者因治疗效果不理想以及症状缓解不明显而出现焦虑、抑郁等身心疾病。而早期施行内镜下癌前病变干预，虽能取得一定的疗效，但多数患者发现本病时间较迟，病变部位较广，治疗效果往往不理想。且内镜治疗带来的痛苦以及经济负担是部分患者无法接受的。多数患者最终因对癌变风险的恐惧出现焦虑、抑郁，甚至引起心血管疾病。陈绍宏认为，患者的主要病理生理学改变均是由胃黏膜的长期慢性炎症刺激引起的。因此，阻断慢性炎症是关键。在病理学看来，慢性炎症改变主要为局部组织渗出、增生、变性、坏死、纤维化；结合中医古典思维：慢性炎症导致局部出现渗出、坏死物质积聚，内镜直视下往往可见局部充血、阴暗色渗出物，根据"取类比象"原理，其犹如瘀血、痰浊。从生物全息理论来看，慢性纤维化导致局部正常功能结构改变，出现质地变硬、正常血运减少的改变，犹如邪气进一步发展，出现"痰瘀互结"，局部经络气血运行失调。从中医学角度来看，本病属"胃脘痛""痞证""腹胀"范畴。《伤寒论》载："若心下……但满而不痛，此为痞气。"《明医指掌·痞满证》云："痞者，否也，不通之意，由阴伏阳蓄，气血不运而成。"沈金鳌在《杂病源流犀烛》中强调了脾气虚、气机阻滞的重要性，林珮琴在《类证治裁》中提出了痰浊、瘀血痹阻胃络致病。故其病机发展趋向多为脾胃气虚，气虚生痰，痰郁生瘀，痰瘀互结，阻滞气血；辨证多为脾胃气虚，痰瘀阻络。宗古人痞证"宜升胃气，佐以血药"的治疗原则，本病治当益气健脾，化痰祛瘀；选方香砂六君子汤合桃红四物汤加减。香砂六君子汤出自《古今名医方论》，功擅健运脾胃，益脾胃之气，化痰除痞；方中木香、砂仁行气祛痰，人参、白术、茯苓、陈皮、半夏益气健脾，佐以祛痰，全方能助脾胃祛旧生新，治病求本。桃红四物汤始见于《医垒元戎》，具有养血活血之功，因擅祛瘀血而广泛用于临床；方中桃仁、红花、川芎、当归擅长破血、活血祛瘀，具有软坚消癥瘕的作用，与香砂六君子汤合方，共奏健脾化痰逐瘀，祛旧生新之功。现代药理学研究表明：木香、砂仁、陈皮、半夏具有调节胃肠道平滑肌，促进胃肠道蠕动，抗溃疡，止吐，保护胃黏膜、抗血小板的作用；人参、白术具有抗应激、抗氧化、促进上皮修复的作用；桃仁、红花、川芎具有扩张血管改善循环、抗凝、抗炎症、抗纤维化的作用。

慢性萎缩性胃炎验案

患者李某，男，50岁，因"反复胃脘胀痛10年，加重1年"于2015年10月9日就诊。

初诊：10年前患者出现腹部胀痛，于院外行胃镜检查诊断为"慢性非萎缩性胃炎"，经西药治疗后症状稍缓解。但腹胀、腹痛反复发作。1年前因胃脘胀痛加重，于四川华西医院行胃镜检查，提示为"慢性萎缩性胃炎"，予西药口服甲硝唑0.44mg，每日2次；阿莫西林1g，每日3次；果胶铋100mg，每日3次，共半月疗程。治疗后患者腹胀、腹痛未见明显缓解。现于我院就诊，胃镜检查诊断为慢性萎缩性胃炎伴肠腺化生（轻度）。症见：面色萎黄，神疲乏力，倦怠懒言，心下烧灼样疼痛，上腹胀满，食后及夜间为甚，嗳气、纳差、大便不成形，日

3～4次，小便正常。舌质紫红少津，脉细涩。

中医诊断：胃脘痛。

西医诊断：慢性萎缩性胃炎。

辨证：脾胃气虚，痰瘀阻络证。

治法：益气健脾，化痰祛瘀。

方药：香砂六君子汤合桃红四物汤加减。

陈皮 15g	生晒参 15g	茯苓 15g	法半夏 15g
炒白术 15g	砂仁 10g	木香 15g	炙甘草 5g
桃仁 15g	红花 15g	当归 15g	川芎 15g
姜厚朴 20g	紫苏叶 15g	赤芍 20g	山药 30g
桔梗 15g			

煎服法：2剂，水煎煮，沸后30分钟左右取汁，2日1剂，1日3次，每次服100mL，饭后半小时温服。嘱患者规律清淡饮食，不可过食油腻，不可过饱，以七至八分饱为宜。

二诊：患者胃脘部疼痛、食后腹胀等症状减轻。在原方基础上加用藿香15g，煎服法同上；此后，患者半月复诊1次，以益气健脾、活血化瘀为基本治法，以香砂六君子汤合桃红四物汤为主方，服药1年后患者上述症状全部消失，复查胃镜提示轻度慢性非萎缩性胃炎。

按：本病多由情志失调、饮食不节、劳倦等原因导致脾胃虚弱所致。脾胃为后天之本，气血生化之源，脾胃虚弱，则气血不足，胃络不得滋养，"阳化气，阴化形"，胃黏膜长期失去气血滋养致使胃黏膜萎缩，"久病入深，营卫之行涩"，久病致瘀、致痰，炎性细胞长期浸润胃黏膜导致胃黏膜血液不能流通，缺血缺氧，以中医"取类比象""推演络绎"的思维，视为瘀血。"旧血不去，则新血断然不生，而新血不生，则旧血亦不能自去也。"一方面瘀血、痰浊阻滞胃络，气血不能化生；另一方面脾胃虚弱，气血亦不能化生，故治疗该病应益气健脾、化痰祛瘀并重。本案患者系中年男性，病程长，久病耗气，脾胃气虚。脾胃互为表里，同为后天之本，气血生化之源，脾气健则气血生化有源，外濡润皮肤、肌肉、筋骨，内濡养脏腑。今脾胃气虚，气血生化乏源，外不能濡润皮肤、肌肉和筋骨，故见面色萎黄、神疲乏力、倦怠懒言；内不能濡养脏腑，故见心下烧灼样疼痛，上腹胀满，嗳气，大便不成形；方中生晒参、白术、法半夏、茯苓、山药益气健脾化痰；木香、厚朴行气化滞；砂仁、紫苏叶、陈皮理气和胃祛痰；桔梗宣肺利气，通调水道，载药上行，培土生金；当归活血补血，赤芍、红花、桃仁、川芎、当归活血化瘀，瘀去则新血化生。综观全方，补气行气祛痰，活血补血，使脾气得健，诸症自除。

（六）急性胆囊炎、胆管炎的诊治

急性胆囊炎、急性胆管炎是由于胆囊、胆囊管阻塞或细菌侵袭引起的急性炎症，临床上多表现为腹痛黄疸、恶心呕吐、发热寒战，感染加重或出现胆管炎时常以高热、寒战为主要表现，严重者可出现脓毒性休克。西医治疗一般予以手术、抗感染治疗，但治疗手段较单一、长远康复不理想。因此，在临床上及时介入中医治疗，改善远期预后就成了关键。本病急性期的关键病理生理在于胆囊、胆道活动能力下降，胆道内压增高，以致梗阻，导致胆汁及细菌脓性产物排泄不畅，加重感染。所以，能够及时解除胆道的阻塞或梗阻，促进相关物质排出，就成为治疗的要点。西医一般予解痉药物治疗，但这类药物实际持续时间短，疗效差，副作用大。通过长期临床实践，陈绍宏发现中医药的运用是有所为的。在中医学看来，本病属"胁痛""黄疸""胆胀"范畴。《素问·刺热论》谓："肝热病者，小便先黄……胁满痛。"本病急性期，解剖直视下可见胆囊、胆管出现充血、渗出，胆汁及脓性分泌物聚集，将中医学"推演络绎"的思想结合于此，陈绍宏认为感染物质聚集局部，即是"痈毒"阻塞胆管。因此，及时疏通胆道，祛除痈毒，是本病治疗的关键。肝胆二经常受湿热邪侵扰，故本病急性期证型多为湿热、痰浊内蕴之证；结合中医学中肝的生理，酸苦涌泄为通肝之要，故治宜酸苦涌泄，清热化痰，和胃利胆；选方黄连温胆汤加味乌梅，并重用乌梅至30g。合方专入肝胆之经，直攻病邪。现代药理研究发现，乌梅对奥迪括约肌具有松弛作用，并能收缩胆囊，产生抗菌效应。枳实能够抗炎、促进胃肠道平滑肌运动。黄连、橘红、竹茹具有抗菌抗炎的作用。

急性胆囊炎、胆管炎验案

患者杨某，男，68岁，因"皮肤黏膜黄染1个月"于2014年8月20日就诊。

初诊：患者因皮肤黏膜黄染1个月，于外院检查发现胆红素升高，现来院就诊。症见：身目俱黄，黄色较淡而不鲜明，右上腹疼痛，发热恶寒，腹泻，食欲不振，肢体倦怠乏力，大便溏，小便黄少。舌红苔薄白，脉滑。腹部 B 超提示：胆囊结石（直径约 0.5cm），肝外胆管结石。

中医诊断：黄疸。

西医诊断：急性结石性胆囊炎，肝外胆管结石。

辨证：胆郁痰扰证。

治法：清热化痰，和胃利胆。

方药：黄连温胆汤加减。

黄连 12g	京半夏 15g	姜竹茹 30g	枳实 20g
青皮 15g	生姜 10g	茯苓 30g	乌梅 30g
金钱草 30g	生甘草 10g		

煎服法：6 剂，水煎煮，沸后 30 分钟左右取汁，1 日 1 剂，1 日 3 次，每次服 100mL，饭后半小时温服。嘱患者清淡饮食，禁生冷辛辣、油腻食物。

二诊：服药 6 剂后，患者身目发黄退去，肢体倦怠乏力、腹泻好转，食量较前增加，大便稀溏，小便正常。舌质淡，苔薄白，脉滑。继续服药 6 剂。患者诸症状好转，复查腹部 B 超未见胆囊结石。上腹部 CT 未见肝外胆管结石。

按： 急性胆囊炎、胆管炎是临床常见急腹症，属中医学"胁痛""黄疸""胆胀"范畴。《黄帝内经》明确指出胁痛的发生主要与肝胆密切相关。《临证指南医案》认为胁痛之属久病入络者，善用辛香通络、甘缓补虚、辛泄祛瘀等法，对后世医家影响较大。《素问·平人气象论》云："溺黄赤，安卧者，黄疸……目黄者曰黄疸。"《金匮要略·黄疸病脉证并治》将黄疸立为专篇论述，并将其分为黄疸、谷疸、酒疸、女劳疸和黑疸五疸。《伤寒论》还提出了阳明发黄和太阴发黄，指出相关的脏腑有脾、胃、肾等，并较详细地记载了黄疸的临床表现，创制了茵陈蒿汤、茵陈五苓散等多首方剂，体现了泻下、解表、清化、温化、逐瘀、利尿等多种退黄之法。《景岳全书·黄疸》认为"黄胆一证，古人多言为湿热，及有五疸之分者，皆未足以尽之。而不知黄之大要有四：曰阳黄，曰阴黄，曰表邪发黄，曰胆黄也。知此四者，则黄胆之证，无余义矣"。胆胀病始见于《黄帝内经》，《灵枢·胀论》载："胆胀者，胁下痛胀，口中苦，善太息。"本案患者胆囊、肝外胆管结石长期刺激，因饮酒、油腻等诱发为黄疸、胁痛，多因湿热、痰浊侵扰肝胆，而致胆液不循常道，瘀积胆管，疏泄失常，发为黄疸。黄连温胆汤出自陆廷珍《六因条辨》，由《三因极一病证方论》之温胆汤加黄连演变而来，原文曰："中暑吐泻并作，吐既止而泻不止者，宜胃苓汤泄之，若泻止而吐不止者，宜黄连温胆汤和之。"此为和解之剂；功擅清热祛湿、化痰和胃、解郁除烦；主治低热、痞满纳呆、恶心呕吐、口苦泛恶、胸脘烦闷、苔黄腻等中焦湿热病证。方中黄连取其清热祛湿、泻火除烦之用，京半夏、竹茹、茯苓化痰，金钱草有排石之功，生姜和胃，青皮、枳实理气行滞，甘草调和诸药，加味乌梅酸苦涌泄、开胆祛黄。

《黄帝内经》已有黄疸之名，并对黄疸的病因、病机、症状等都有了初步的认识。历代医家不断总结经验，认为黄疸的发病，从病邪来说，主要是湿浊之邪，故《金匮要略·黄疸病脉证并治》有"黄家所得，从湿得之"的论断；从脏腑病位来看，不外脾胃肝胆，而且多是由脾胃累及肝胆。内外之湿阻滞于脾胃肝胆，导致脾胃运化功能失常，肝失疏泄，或结石、积块瘀阻胆道，胆液不循常道，随血泛溢而成；治法以健脾祛湿，疏肝利胆为主，并依湿从热化、寒化的不同，分别施以清热利湿和温中化湿之法；黄疸久病应注意扶助正气，如滋补脾肾，健脾益气等，处方用药随证治之。陈绍宏根据临床经验结合现代药理研究，对于急性胆囊炎、胆管炎所致黄疸、胁痛，常选用黄连温胆汤加味乌梅，并根据患者体质、致病因素等辨证论治，收效颇佳，患者远期疗效优于单纯西医治疗。

（七）急性胰腺炎的诊治

急性胰腺炎，特别是重症急性胰腺炎常，表现为腹痛腹胀、恶心呕吐，胸腹水，以及其他局部和全身的严重并发症。西医治疗多采取禁食，胃肠减压，抑制胰腺分泌、胰酶活性，减少胰酶合成，防治感染，营养支持，纠正水电解质紊乱，以及防治并发症等。对于患者而言，其腹痛腹胀为主要的症状，由于胃肠功能障碍，腹胀逐渐加重，出现肠梗阻、腹腔间隔室综合征、多器官功能不全，并发胸腹水、感染，甚至脓毒症、脓毒性休克、ARDS等。因此，能够快速缓解腹胀，恢复胃肠道功能，则成为治疗急性胰腺炎的关键。西医在治疗上，多采用胃肠减压、注射新斯的明等促胃肠动力药物，但疗效不明显且副作用较多，因此很不理想。陈绍宏指出，此时由于炎症出现胃肠道功能障碍，肠道黏膜屏障破坏，肠道中细菌及内毒素位移，引发脓毒症、脓毒性休克、ARDS、多器官功能不全，这是关键的病理生理所在。从中医的角度来看，辨病当为"腹痛""急性脾心痛""胰瘅"，结合患者大热、腹痛、腹满、便闭等表现，可知本病病机为中焦气机受阻，邪热湿浊内蕴，气滞不能下导大肠，反逆于胰，津血内结。故本病总以"不通则痛"为核心病机，而"六腑以通为用"，因此，只要能够迅速促进肠道通泻，排出毒邪，就能扼腕于狂澜。本病初得，辨证上多以实（湿）热内结，腑气不通为本；《丹溪心法·腹痛》记载"初得之时，元气未虚，必推荡之。此通因通用之法"，故治疗多以通腑泄热，行气导滞为主；选方以承气汤系列、大柴胡汤为主方。而针对在此基础上出现呼吸窘迫、大热大汗，口干舌燥，面红胸热，咳引胸痛，难以平卧的患者，以及西医学检查证实合并胸腔积液、腹水的患者，陈绍宏认为此为热淫于内，气滞于里，壮火食气，枢机失用，致中焦气机之枢纽失司，发于腹中，则激荡成液；上累胸中，则龙虎回环失常，龙虎相斗，相激相杀，津液不行，积聚而成。《素问·六元正纪大论》云："太阴所至，为积饮否隔。"《备急千金要方》也曾提出"治胸中痰澼，用吐法以祛其邪"。因此可知，辨证上以水热互结于胸的大结胸证为多；治疗上当以泄热逐水之法为要，热泄水行，气机自复，予以大陷胸汤、十枣散屡建奇功。另外，中医学认为本病常发生于肥胖者、暴饮暴食者，古人云"肥人多痰、多虚"，患者往往因虚致痰，痰浊久储中焦，中焦升降运化失司，引发散膏（胰腺）体用失调，发为本病。因此，在救治中，特别是对于老年患者，应当扶正与祛邪并施。陈绍宏曾治一例老年女性患者，患糖尿病、高脂血症数十年，本次发病以腹痛腹胀、畏寒喜暖为主要表现，陈绍宏运用大黄附子汤，温里散寒通下，取得了很好的疗效。现代药理学研究发现：大黄具有促进胃肠蠕动、抑制胰酶活性、抗感染的作用；甘遂有增加肠蠕动、镇痛利尿的作用；芒硝能够在肠道内形成高渗溶液，减少细菌、毒素的扩散，产生泻下作用。

急性胰腺炎验案

刘某，男，34岁，因"突发中上腹剧烈绞痛3小时"于2014年7月14日就诊。

初诊：患者素喜饮酒，每日饮白酒至少500g，既往有结石性胆囊炎病史。此次发病前8小时与朋友聚餐，饱食肥甘厚味，饮白酒500g，于3小时前突发中上腹剧烈绞痛，频繁呕吐胃内容物和黄绿色苦水，急诊以"急性胰腺炎"收入住院。入院查体：皮肤和黏膜轻度黄染，中上腹及右上腹肌肉紧张，压痛明显，无反跳痛，余未见异常，血常规：WBC 18.6×10^9/L、N% 90%、L% 10%。血清淀粉酶：1024U/L。腹部彩超示：结石性胆囊炎。腹部 CT 示：急性胰腺炎。症见：颜面黄染，寒热往来，中上及右上腹胀满、痛剧不可触，呕不止，口苦，咽干，心下痞满，矢气不通，大便未解，小便黄。舌红苔黄厚干，脉沉弦。

中医诊断：急性脾心痛。

西医诊断：急性胰腺炎。

辨证：少阳阳明腑实证。

治法：通腑泻浊，兼清少阳。

方药：大柴胡汤合大承气汤。

柴胡 15g	枳实 15g	黄芩 15g	赤芍 30g
京半夏 15g	炒厚朴 15g	生大黄 60g（后下）	芒硝 60g（冲服）

水煎服，每 2 小时服用 100mL。给药 4 小时后，肠鸣矢气，6 小时后开始腹泻，先泻燥屎五六枚，后泻稀水便，当夜腹泻十余次，第二日晨腹痛明显减轻，黄疸消失，此后减少大黄用量至 30g、芒硝用量至 30g，每日 1 剂，1 日 4 次，同时予禁饮食，每日静脉输液 2500mL 以维持水电解质平衡。5 天后，腹痛消失，复查腹部 CT 胰腺水肿消失，血尿淀粉酶和血常规恢复正常，痊愈出院。

按：中医学认为本病是由胰腺体失用引起的以剧烈腹痛、恶心呕吐为主要表现的疾病。《三因极一病证方论》记载："脾心痛者，如针刺其心腹，蕴蕴然气满。"除"腹痛""急性脾心痛""胰瘅"的病名称谓外，历代医家还将此病归为"厥心痛""胃心痛"。《灵枢·厥病》曰："厥心痛，痛如以锥针刺其心，心痛甚者，脾心痛也。"《杂病源流犀烛·心病源流》曰："腹胀胸满，胃脘当心痛，上支两胁，咽膈不通，胃心痛也。"本病的发生多与饮食不节、过食肥甘厚味、情志失调，以致热结胃肠、腑气不通，或肝胆湿热及蛔虫内扰，终致胃肠实热积滞有关。其病位在散膏（胰腺），与肝、胆、脾、胃、小肠密切相关。病机为湿热毒邪或瘀血内停，腑气不通；治疗原则为"以通为用"；治法总与通里攻下、清热解毒、活血化瘀、益气救阴及除湿、疏肝行气导滞相关。本案方中柴胡与黄芩相合和解清热，除少阳邪气。重用大黄、芒硝，与枳实为伍，能够通泻阳明热结；

枳实、厚朴又可理气行滞，加赤芍则能凉血和血、缓急止痛；京半夏和胃降逆止呕，与诸药相合能清能下。中药治疗效佳而价廉，具体使用上还须特别注意服药方法：如患者口服后痛剧，或呕吐不受，可用中药灌肠，但最好予胃肠减压，每2小时鼻饲100mL，半小时给予引流。这样，既不刺激胰腺分泌，又可收中药之功，直到患者矢气泄泻，疼痛明显减轻后，改为口服。除了内服与灌肠外，陈绍宏也倡导腹部外敷金黄散、活血散，以及外敷芒硝、腹壁引流等多途径综合给药方式，不仅具有良好的临床疗效，也具有鲜明的中医药特色。陈绍宏所在的科室急诊科近30年以此系列方为协定方，治疗数百名急性胰腺炎（包括重症急性胰腺炎）患者，均获良效。

（八）伤寒、副伤寒、急性细菌性痢疾的诊治

伤寒、副伤寒分别是由沙门菌属D组伤寒杆菌和A、B、C组副伤寒杆菌引起的急性传染病。急性细菌性痢疾是由福氏志贺菌、痢疾志贺菌、宋氏志贺菌等引起的急性肠道传染病。

伤寒在临床中主要分为典型伤寒、不典型伤寒（轻型，暴发型，迁延型，逍遥型）等。起病初期多以发热出现最早，伴咳嗽咽痛、腹痛腹泻、全身不适、乏力、食欲减退等症状；病程第2～3周出现典型伤寒特征：高热，胸腹部玫瑰疹，相对缓脉，以及肝脾大、消化系统症状加重、中枢神经系统症状；第3～4周进入缓解期，上述临床症状及病理变化开始好转，但发生肠出血、肠穿孔的风险大大增加；病程第4周进入恢复期，如无严重并发症，患者一般1个月左右能够完全康复。本病并发症主要包括肠出血、穿孔及中毒性心肌炎、肝炎等，有并发症患者病死率明显升高。

副伤寒主要临床症状不典型，表现多样化，临床中主要分为3型：伤寒型，胃肠炎型，败血症型。通常急性起病，发热是本病最早出现和最突出的症状，其次为头痛、乏力较突出，常在起病初期伴有上呼吸道、消化道症状。而表情淡漠、相对缓脉、玫瑰疹等伤寒典型特征明显减少，极易与上呼吸道感染、消化道疾病相混淆而被漏诊、误诊。并发症以中毒性肝炎最为常见，其次为心肌损害。

急性细菌性痢疾在临床中主要分为普通型、轻型、中毒型。潜伏期数小时至7日，多数为1～2日。以发热、腹泻、腹痛、里急后重、黏液脓血便为主要临

床表现，可伴全身毒血症症状，严重者可有感染性休克、中毒性脑病。

目前，由病原微生物引起的消化道传染性疾病，已经成为全世界重要的公共卫生问题之一。对于伤寒、副伤寒、急性菌痢的治疗，西医多以抗生素治疗为主。然而，由于抗生素的滥用，加速了耐药菌的出现，既往的经验抗生素选用已经失去了临床指导意义；加之现代检测技术对细菌抗生素敏感性的检测由于时间相对滞后性的缺陷，使疾病在早期阶段没有得到理想的临床控制，进而出现感染加重、并发症等。不仅如此，患者水电解质紊乱、病情重、病情反复迁延、治疗费用高等问题仍然存在。而西医界与中医界公认，中医药在治疗感染性疾病方面具有疗效明显、无明显不良反应的优势。陈绍宏指出，伤寒、副伤寒、急性菌痢初期、急性期的病理生理变化主要表现为严重菌血症引起全身各部位、各脏器感染，并释放出大量内毒素，导致毒血症（伤寒、副伤寒：伤寒型、败血症型；急性菌痢：中毒型）的出现；当伤寒杆菌、副伤寒杆菌、痢疾杆菌进入肠道时易穿过肠黏膜，引起局部肠壁出现炎症浸润、增生、坏死，若波及肠道血管可出现黏液脓血便、肠出血、肠穿孔（伤寒、副伤寒：胃肠炎型；急性菌痢：普通型、轻型）。因此，在初期与急性期，促进血液中的内毒素消散、通导消化道细菌排出，就能减少感染灶的存在，阻止不断蔓延的感染。中医学认为，本病属"腹泻""瘟疫""痢疾""疫毒痢"范畴。《素问·本病论》曰："厥阴不退位，即大风早举，时雨不降，湿令不化，民病温疫，疵废，风生，皆肢节痛、头目痛，伏热内烦，咽喉干引饮。"且又记载："五疫之至，皆相染易，无问大小，病状相似……正气存内，邪不可干，避其毒气。"陈绍宏指出，从中医学的角度认识本病的病理生理改变，其初期与急性期的病机主要在于疫毒内侵，循环往复。正如李东垣在《医学发明·泻可去闭葶苈大黄之属》叙述："痛随利减，当通其经络，则疼痛去矣。"因此，无论邪气在气血或是在胃肠，皆须通导疫毒外出，或促进疫毒内消，使正气得以恢复正常，余邪随之自解。伤寒、副伤寒、急性菌痢初期、急性期辨证多属表邪未解，湿热毒邪内盛（伤寒、副伤寒：胃肠炎型；急性菌痢：普通型、轻型），或热毒内盛，气血两燔（伤寒、副伤寒：伤寒型、败血症型；急性菌痢：中毒型）；治疗上当以清热燥湿，调和气血，解表散邪，或清热解毒，气血两清；选方：葛根芩连汤合芍药汤走胃肠直捣邪气，或清瘟败毒饮入气血消散毒邪。葛根芩连汤出自《伤寒论》，具有解表清里之功；方中葛根既走表以散邪，又能升发脾胃清阳，振奋正气，止下利。黄芩、黄连清热燥湿，厚肠而能止利。芍药汤出自《素问病机气宜保命集》，具有清热燥湿，调和气血之用。方中黄芩、黄连清热燥湿解毒，芍药、当归养血活血，则便脓自愈，木香、槟榔行气、调气，则后重自止。两方相合，内清胃肠毒邪，外散邪气，具有祛旧生新、导邪外出之功。清瘟败毒饮出自《疫疹一得》，专攻气血两燔，疫毒炽盛之证。经现代药理研究证实，葛根具有增强细胞免疫、保护血管内皮、促进代谢等作用；大黄、黄芩、黄连具有抑制肠道有害菌的生长，抗伤寒杆菌、副伤寒杆菌、痢疾杆菌，促进肠道有益菌群生长的作用；木香、槟榔具有抗肠道细菌、促进肠道蠕动、抗溃疡的作用。清瘟败毒饮目前在临床中被广泛用于脓毒症的治疗，经研究发现方中栀子、牡丹皮、玄参具有明显的抗菌作用，黄芩、黄连、赤芍还具有抗内毒素的作用。综上，中医药治疗伤寒、副伤寒、急性菌痢是具有明显优势的，在临床中如何运用中医药对本病进行辨证论治，需要抓住对疫病的辨证要点、注意点，执简驭繁，不可思忖太多而力求面面俱到。陈绍宏指出，对于伤寒、副伤寒、急性菌痢初期、急性期患者进行"以通为用"治疗时需要注意以下几个方面：第一，邪气实。在初期与急性期，邪气实是矛盾的主要方面。因此，通导邪气外出是关键。第二，"大实有羸状"。患者出现虚弱的表现并非真正的存在虚证。即使存在，也不是矛盾的主要方面。第三，忌补之。疫毒属烈性邪气，最忌过早补益，否则会出现助邪化火成毒，流窜全身。而判断患者是否度过急性期，需要扶助正气的时机在于患者厚腻秽浊苔消失，舌苔恢复大体正常；排出粪便无臭浊污秽之气、粪渣质地较清。与患者的症状、脉象皆无关。

急性细菌性痢疾验案

患者李某，男，23岁，乞丐，因"腹泻7天"于1996年7月11日就诊。

患者于7天前因误食变质猪肉而致高热，腹痛，腹泻脓血便，里急后重，肛门灼热，自服中、西药，病情无缓解，第二日晨，同伴见其神志不清，高热烦躁，送来我院。主治医生考虑为急性细菌性痢疾，给予头孢唑啉抗感染及补液支持治疗3日，病情继续加重，高热持续不退，体温在39～40℃波动，心率增快至120～130次/分，血压从110/70mmHg降至80/50mmHg，四肢冰冷，尿少。症见：神昏谵语，时而烦躁如狂，右颈部可见散在红斑，颜色紫红不暗，部分融合成团，壮热无汗，渴喜冷饮，饮食则吐，腹痛如绞，痛则腹泻，泻下少量脓血便，便色紫暗，臭秽难闻，四肢厥冷，尿少。舌质红绛，苔黄厚燥，脉浮细数。查体：体温39.6℃，脉搏130次/分，呼吸20次/分，血压80/50mmHg。急性重病容，嗜睡，呼之可应，对答准确，时谵语烦躁，全身浅表淋巴结未触及肿大，皮肤巩膜无黄染，右颈部散在红色斑疹，唇无发绀，颈软，气管居中，双肺未闻及干湿啰音，心界叩诊无扩大，心率130次/分，律齐。腹膨隆，无肌紧张，中上腹和脐周明显压痛，无反跳痛，肝脾不大，墨菲征阴性，麦氏点无压痛，移浊（−），双肾区无叩痛，肠鸣音弱，约3次/分，四肢冰冷，尿量24小时共300mL。血常规：WBC 27.2×10^9/L，N% 94%，L% 6%。大便常规：色黑、质稀、黏液（++）、WBC（++++）、RBC（+++）、脓球（++）。大便培养：痢疾杆菌生长，头孢唑啉敏感。

中医诊断：疫毒痢。

西医诊断：急性细菌性痢疾，感染性休克。

辨证：热毒内盛，气血两燔证。

治法：清热解毒，气血两清。

方药：清瘟败毒饮。

生石膏120g	水牛角30g	黄连18g	黄芩12g

生石膏120g（先煎）　水牛角30g（先煎）　黄连18g　　黄芩12g

连翘12g　　　　　玄参12g　　　生地黄30g　知母12g

牡丹皮12g　　　　赤芍12g　　　炒栀子12g　桔梗12g

鲜竹叶12g　　　　生甘草9g

因患者神志时清时寐，予鼻胃管灌入，1剂药煎600mL，每2小时鼻饲100mL，1日2剂，同时以补液扩容、头孢唑啉抗菌治疗，患者1剂服完后，开始泻下紫黑色臭秽稀水便，神志渐转清，体温下降，心率降低至90～100次/分，血压回升至100/60mmHg左右，尿量增多，四肢转暖，休克已纠正，2剂服完，患者24小时共泻下800mL左右臭秽大便，神志已清，拔除胃管，自行服药和进食，又服2剂，患者体温降至正常，颈部斑疹颜色由紫红变浅红，腹痛、里急后重、下利脓血便明显减轻，续服上方，唯生石膏减为90g，1日1剂，分4次服，4日后，复查血常规、大便常规已复正常，痊愈出院。

按：《景岳全书·痢疾》载："痢疾一证，即《内经》之肠澼也，古今方书，因其闭滞不利，故又谓之滞下。"患者身壮热，渴喜冷饮，为气分热盛之象，却又四肢厥冷，六脉沉伏，此乃火毒深重，郁闭不外达的原因，正所谓热深厥亦深也；由于热入营血，心神受扰，故烦躁如狂，神昏谵语。而舌质红绛，正如叶天士《温热论》所说"其热传营，舌色必绛"，故邪已入营血分；邪热迫血妄行，外窜肌表，故发斑；气血两燔则舌绛唇焦；热毒下结于肠，则腑气不通，腹痛如绞，热壅化腐成脓，邪热下迫，而腹泻脓血便，里急后重，肛门灼热。《疫疹一得》也记载"疫毒移于大肠，里急后重，赤白相兼，或下恶垢，或下紫血，虽似痢实非痢也""毒火注于大肠，有下恶垢者，有利清水者……考其症，身必大热，气必雄壮，小水必短，唇必紫焦，大渴喜冷，四肢时而厥逆，腹痛不已，此热注大肠，因其势而清利之"。正如张景岳所说："若热证果真，即宜放手凉解，或兼分利，但使邪去，其病自愈。"本案选用清瘟败毒饮综合白虎汤、芍药地黄汤、黄连解毒汤三方加减而成，具有清热泻火、凉血解毒的作用，为治疗气血两燔的主要方剂。从这个验案，我们可以发现，西药抗生素在杀灭致病细菌方面有很大优势，但对于病菌所产生的内毒素却办法不多，效果不好，此时发挥中医药的优势十分重要。

（九）消化性溃疡所致上消化道大出血的诊治

上消化道出血是屈氏韧带以上部位发生的出血，患者临床表现为呕血、黑粪或鲜血便，头晕乏力、心慌心悸，病情严重时可出现休克、死亡。患者临床表现的轻重，主要取决于出血部位、性质，出血量的多少、出血速度等。而在我国，消化性溃疡是上消化道出血的重要发病原因之一，其中主要为胃溃疡。西医在抢救本病时，多采用快速补充血容量、抑制胃酸分泌、静脉使用止血药物、内镜下止血、外科手术止血等治疗方法。然而，病理生理学实验研究发现，当溃疡部 pH<6 时，血小板的聚集能力下降，溃疡部血凝块易发生溶解；pH<5.4 时，血小板聚集及凝血不能；pH<4 时，纤维蛋白血栓溶解，进而再出血。因此，在抢救本病时，及时抑制溃疡及其周围的酸性环境、促进溃疡创面愈合，就成为止血以及救治本病的主要方法。病理学研究发现：溃疡是皮肤、黏膜表面组织的局限性缺损、溃烂，病理改变表现为充血、渗出、水肿、增生等。陈绍宏认为：结合传统中医思维，其犹如中医"疡"证，中医治疗当以祛腐生肌为主。然而，本病发生时，病情危重，情势急迫，急则治标，故应以摄血固脱为要。陈绍宏根据古人"有形之血不能速生，无形之气所当急固"的理论提出：消化性溃疡所致的急性上

消化道大出血，临床每遇，当以固摄气血为主要救治方法，患者多留一分元气，就多一线生机。患者无论病情轻重，后期皆可出现面色苍白，全身冰凉，畏寒怕冷喜暖，四肢乏力等阳气虚衰的表现，可见其病机是朝着虚寒转化的。故其辨证多属脾不统血，气衰血脱之虚寒证（气随血脱）；治疗当以益气固脱，摄血止血（益气摄血）为原则；拟方甘草人参汤加味。然而，甘草人参汤除了能够摄血止血外，还具有生肌的功效。《神农本草经》记载："甘草，主五脏六腑寒热邪气，坚筋骨，长肌肉，倍力。"红参，为人参经九蒸九晒后的熟制品，保留了人参的功效，又有了新的功效。红参，性温热，功能益气摄血固脱，安中补虚回阳。现代药理研究表明，甘草对消化性溃疡所致的上消化道大出血有良好的止血疗效。其中，甘草黄酮、甘胃舒、甘珀酸不仅能够抑制胃酸分泌，减少血凝块的溶解，预防再出血，还能促进溃疡部上皮细胞再生、帮助溃疡愈合。红参同样具有良好的止血作用，并且能够维持血流动力学稳定。而对于传统止血中药伏龙肝、三七、艾叶、炮姜等研究发现，其能够收缩出血部血管，进而缩短出血时间，但不能明显抑制酸性环境的形成，并且对止血的作用短暂，易发生再出血。所以，相比于其他药物，甘草具有明显的优势。

消化性溃疡所致上消化道大出血验案

患者刘某，女，37岁，因"呕血、便血1天"于2013年9月17日就诊。

初诊：患者平素有消化道出血病史，在某医院检查诊断为"复合性溃疡"，医生建议患者行手术治疗，但患者及家属拒绝手术治疗，希望通过中医治疗本病，遂至我科住院治疗。症见：面色苍白，语声低微，心累气短，头晕，汗出湿衣，四肢厥冷，呕吐咖啡色胃内容物，黑便。舌质淡，脉细弱。

中医诊断：血证（吐血）。

西医诊断：复合性溃疡，上消化道大出血。

辨证：气随血脱证。

治法：益气摄血。

方药：甘草人参汤加味。

生甘草60g　　　红参30g　　　白及粉30g

煎服法：水煎服，每次服50mL，频服，每日2剂。

2剂后患者吐血渐少，原方继服2剂。

二诊：血止，心累气短较前稍有好转，余证同前。原方再服 5 剂。每次服 100mL，日服 3 剂。

三诊：血止，心悸气短、面色苍白较前继续减轻，四肢已温，苔薄白，脉细弱。此时出血已止，但日久伤血，中气已伤，故以十全大补汤补益气血。

党参 30g	白术 15g	茯苓 15g	炙黄芪 15g
当归 15g	熟地黄 15g	赤芍 10g	炙甘草 10g
白及粉 30g（冲服）	海螵蛸 30g（冲服）		

服 5 剂后病情好转出院。随诊 3 个月，未再吐血。

按：《诸病源候论·血病诸候》将血证称为血病，对各种血证的病因病机做了较详细的论述；《济生方·失血论治》认为失血可由多种原因导致，"所致之由，因大虚损，或饮酒过度，或强食过饱，或饮啖辛热，或忧思恚怒"，对血证的病机，强调"因于热者多"；《先醒斋医学广笔记·吐血》提出治吐血三要法，强调了"行血、补肝、降气"在治疗吐血中的重要作用；张景岳认为引起出血的原因主要在于"火盛""气虚"两个方面；四川医家唐容川在《血证论》中提出"止血、消瘀、宁血、补血"的治血四法，是治疗血证的基本准则。

《医贯·血症论》道："其血妄行，出如涌泉……须臾不救即死……故方纯用补气，不入血药何也，盖有形之血不能速生，无形之气所当急固，无形自能生有形也。"大出血患者往往气随血脱，出现晕厥、虚脱证候，值此生死存亡之时，当投以峻补元气之药，如人参等，速培元气，只有元气尚存，才可得生机，并且气能摄血、生血，故补气亦能止血、补血。故临床遇有大失血元气欲脱，当先固摄欲脱之气，为当务之急。除去甘草与红参外，陈绍宏常合方使用白及粉组成甘草人参汤基础方药。方中重用红参为君以救护其气，益气以固脱，选用甘草甘温濡润，走血分，属脾经，无黄芪、白术温燥之品而耗伤阴血，无附子、生姜、川芎、当归等行气之品动血之弊，重用温补脾胃，并加以收敛止血之白及合成甘草人参汤，符合中医"药少量多，直达病所"的急救原则，也符合陈绍宏倡导的"简、便、廉、验"中医急症用药的治疗优势。除上述用药外，陈绍宏在临床中曾救治一肝硬化致食管胃底静脉曲张破裂出血老妇，患者反复上消化道大出血、失血性休克，前后输全血共计 10000mL 以上，使用三腔双囊管止血后虽然未再出血，但拔除导管后大出血又再次发生。症见：面色苍白，语声低微，气短畏寒，四肢厥冷，呕吐咖啡色胃内容物及鲜血，黑便，舌质胖白，脉微。陈绍宏临证后除使用红参、生甘草、白及粉外，另加大象皮炮制后制粉，药汁冲服。服药5剂后患者出血逐渐停止。随访半年，患者诉需常服此药则不吐血，否则则有少量吐血现象。古籍中对大象皮的记载见于《开宝本草》，书中记载其具有"生肌、敛疮"之功。目前，由于大象属于国家保护动物，药材资源稀缺，故陈绍宏在临床中很少使用此药，但每每使用，必见奇效。

（十）急性肾盂肾炎的诊治

急性肾盂肾炎是发生于肾盂及肾实质的急性炎症，大都由细菌感染引起，常伴有下尿路感染炎症。本病起病急骤，主要表现为发热、寒战、腰痛，伴有头痛、全身肌肉酸痛、尿频、尿急等不适。西医在治疗上通常予以补液、抗感染、碱化尿液、糖皮质激素抗炎等治疗。但患者发热、寒战往往反复出现，尿频尿急症状难以迅速改善，治疗周期长，容易复发，部分患者预后差。本病急性期主要病理生理表现为肾盂部炎症渗出物、脓性分泌物及坏死物质积聚，导致感染灶持续存在。感染灶不断影响人体，甚至进入血液，形成脓毒症。因此，在治疗时除了积极、尽早行抗感染治疗，还应及时祛除感染灶。中医将本病归属于"腰痛""淋证"范畴，《金匮要略·消渴小便不利淋病》曰："淋之为病，小便如粟状，小腹弦急，痛引脐中。"基于现代解剖学与病理生理学的认识，陈绍宏将本病视为肾盂、肾实质的痫毒集聚，毒邪走窜或内陷故出现发热、寒战、头痛、肌肉酸痛等全身不适。结合古人治淋多用利尿通淋的治疗方法可知，增加小便量，促进局部痫毒疏通、排出是治疗要点，"通法"是治疗本病的关键，只有"通"的实现，才能使脏腑"用"的功能复归于常。就辨证而言，急性期病理关键在于"热毒"与"湿热"并存，证型多为下焦、肝胆湿热毒内盛。故总以清热解毒，化湿通淋为治则；选方五味消毒饮合龙胆泻肝汤。两方相合，专入下焦、肝胆之经，直达病所，能清能利。现代药理学研究表明，五味消毒饮有效活性化学成分对大肠杆菌、金黄色葡萄球菌、绿脓杆菌等均有显著抑制能力。龙胆泻肝汤中多味药物具有抗菌、消炎、解毒、利尿等作用。

急性肾盂肾炎验案

患者张某，女，23岁，因"寒战发热、腰痛、尿频3天"于2015年4月3

日就诊。

症见：寒热往来（最高体温 40.2℃），头身疼痛，口苦咽干，胸闷心烦，呕恶不思饮食，腰痛不能伸，少腹坠胀，小便赤涩淋痛，大便干结。舌红苔黄腻，脉弦数。查体：体温 39.8℃（呈弛张热型），脉搏 108 次 / 分，呼吸 18 次 / 分，血压 110/78mmHg。神志清楚，急性热病容，咽部无充血，扁桃体未见肿大，颈软，气管居中，双肺未闻及干湿啰音，心脏（－），腹软，无肌紧张，无压痛，无反跳痛，双肾区明显叩痛。血常规：WBC 19.5×10^9/L，N% 90%，L% 10%；尿液细菌计数 $>10 \times 10^6$/L；尿培养：大肠杆菌生长。

中医诊断：淋证。

西医诊断：急性肾盂肾炎。

辨证：肝胆湿热证。

治法：清利肝胆湿热，化湿解毒通淋。

方药：五味消毒饮合龙胆泻肝汤加减。

龙胆草 15g	生栀子 15g	黄芩 15g	柴胡 15g
木通 15g	车前草 30g	泽泻 15g	生地黄 15g
当归 15g	蒲公英 30g	紫背天葵 30g	紫花地丁 30g
野菊花 30g	金银花 30g	生甘草 6g	

因患者对 β－内酰胺类抗生素过敏，又不能耐受喹诺酮类抗生素的副作用，故未用抗生素。嘱患者频服中药，不拘时，1 日 2 剂，患者于第二日体温开始下降，最高 39℃，逐日下降，第五日未再发热，尿频、尿急、尿痛症状也消失。仍按原方治疗，唯剂量减轻，每日服 1 剂，连服 10 日，诸症消失，复查血常规、尿培养均已正常，痊愈出院。

按：一般下尿路感染少有寒战、发热、头痛等全身中毒症状，常表现为血尿或（和）尿频、尿急、尿痛等尿路刺激征，属中医学下焦湿热证。《诸病源候论·淋病诸候》曰"诸淋者，由肾虚而膀胱热故也"，巢元方以肾虚为本，膀胱湿热为标的病机分析，具有重大的里程碑意义，"湿热"的病机为后世多数医家所宗。急性肾盂肾炎却突出表现为寒战，发热，腰痛，尿路刺激征轻微或无，其发热特点为寒热往来，《景岳全书·淋浊》曰："淋之初，病则无不由乎热剧，无容辨矣。"湿热外邪内侵肝胆，肝胆互为表里，邪郁半表半里，故寒热往来；湿热蕴肝，肝失疏泄，邪热循经上扰，故口苦咽干；肝失疏泄，气机郁滞，故胸闷心烦；肝病及脾，脾胃升降失常，故干呕恶心，不思饮食；湿热下注于肾，腰为肾之府，故腰痛不能伸；肝经绕阴器一周入腹，湿热循经下注，故少腹坠胀；湿热下注膀胱，故小便频数，赤涩淋痛；热毒内盛，上攻清窍，则头痛；热邪内陷，下结大肠，故大便秘结难解；舌红，苔黄腻，脉弦数皆为肝胆湿热之证。对本病而言，朱丹溪强调"解热利小便，山栀子之类"，治法则当为清肝泻胆，化湿通淋，因该患者热势甚高，头身疼痛，有热毒内盛之证，故须加强清热解毒之力。本案的一大特色在于，认识疾病过程中融汇中医外科学理论，运用中医"痈毒"理论重新认识本病，能够从西医解剖学、病理生理学科学地、直观地认识本病，这就赋予中医新的活力。

（十一）带状疱疹的诊治

带状疱疹是潜伏于人体感觉神经节的水痘–带状疱疹病毒，经再激活后所引起的皮肤损害。老人、免疫力低下者、局部创伤者、长期使用糖皮质激素者容易发生本病。其发病机制：潜伏在脊神经或脑神经神经节细胞中的病毒被激活后，病毒从一或数个神经节沿各自支配的周围神经到达皮肤，引起复发感染。主要发生于胸部、腰部与面部。本病临床表现比较典型，常常先有轻度的前驱症状，如低热、乏力、局部淋巴结肿痛及患处皮肤灼热、感觉过敏或神经痛等。1～3天后沿神经节段分布区域出现成簇的红色斑丘疹，并很快发展为疱疹。1周内疱疹干涸，10～12天结痂，2～3周脱痂，疼痛消失，不留瘢痕。年龄越大，神经痛越明显，也越容易出现后遗神经痛。老年患者，带状疱疹病毒侵犯三叉神经眼支，可发生眼带状疱疹，常发展为结膜炎、角结膜炎、巩膜炎、虹膜睫状体炎、眼外肌麻痹、上睑下垂等，若发生角膜溃疡可致失明。严重者，可出现疱疹性脑膜炎，以致病情危重。本病在治疗上一般予以抗病毒药物、糖皮质激素促进炎症消退等。但患者对抗病毒药物治疗效果反应不一，且该类药物肝肾毒性较大，婴幼儿、年老者、肝肾功能不全者往往禁用、慎用。而糖皮质激素的使用，虽能减轻组织水肿，促进炎症消退，但合并糖尿病、脑血管意外等病史患者也往往慎用。特别是对于带状疱疹病毒侵犯眼支者，病情急，短时间的抗病毒、抗感染治疗也难以促进炎症的消退。医学界也公认，虽然本病具有自限性，但抗病毒药物与糖皮质激素等药物并不能迅速减轻局部炎症。中医学认为本病属"缠腰火丹""甑带疮""蛇串疮""蜘蛛痣"范畴。巢氏在《诸病源候论·疮病·甑带疮候》指出:"甑带疮者绕腰生……状如甑带,因以为名。"《外科大成·缠腰火丹》曰:"初生于腰,紫赤如疹,或起水疱,痛如火燎。"历代医家多认为本病的病机总与肝经火毒燔灼、湿热火毒蕴积肌肤而成,治疗多以清肝泻火、利湿解毒相关。吴谦在《医宗金鉴》中提出运用龙胆泻肝汤、除湿胃苓汤、柴胡清肝汤治疗带状疱疹。陈绍宏参历代医家之箴言,提出"风邪留连,肝经湿热火毒内生"的核心病机理论,认为:风为百病之长,善行而数变,其性走窜,与湿热火毒之邪相合,势必猛烈如拉朽之势,走窜入络,留连肌腠,合湿热火毒燔蚀皮肤。若火毒甚,则疼痛剧烈,或作痒发热,疮疡如串珠、肌肤色丹;若湿热甚,则疮疡色白,或破溃流水。故其辨证多属风邪留连,肝经湿热火毒炽盛;治宜疏风除湿,泻火解毒;选方:川芎茶调散合龙胆泻肝汤加减。两方相合,一则走表,疏散风邪;一则清泻肝胆、上病取下,导邪外出。若湿热较甚,合藿朴夏苓汤加减。特别地,陈绍宏认为:若合并眼支疱疹感染,或湿热势剧,可选龙胆泻肝汤合三黄泻心汤加减。眼支病变较为急迫,或湿热势剧,需猛药猛攻,上病取下,使邪有出路,力求快速祛除病邪,以防正邪斗争剧烈,损伤眼部,或溃烂渗出增多。陈绍宏曾治一85岁老妇人,症见:三叉神经左侧眼支、上颌支见大量散在疱疹,左眼球疼痛,活动眼球后疼痛加剧,剧痛难忍,痛如烧灼,疱疹破溃,渗出大量黄色液体,局部皮肤鲜红、瘙痒不适,舌质红,苔黄腻,脉数。予以龙胆泻肝汤合三黄泻心汤 1 剂后,患者 1 日内少量腹泻 6 次。次日晨,左侧眼部、上颌部疼痛明显减轻,局部破溃渗出明显减少。再予龙胆泻肝汤合藿朴夏苓汤加减,5 剂后,疼痛消失,局部开始结痂,眼部疱疹消失。陈绍宏认为:本患者起病急速,局部疱疹很快破溃,并侵犯眼部,此为湿热毒盛。蜀郡李冰督都江,不及与水抗争之法,因势利而导之,通而疏之。所以,此时当以通法,上病取下,急速泻下,通其出路,顺势而为。龙胆泻肝汤出自《医方集解》,具有清泻肝胆实火,清利肝经湿热的功效。方中龙胆草大苦大寒,具有上清实火,下泄湿热的作用;黄芩、栀子辅龙胆草效力倍增;泽泻、木通、车前子清热利湿;柴胡引诸药入肝经。川芎茶调散出自《太平惠民和剂局方》,具有疏风止痛之效。方中川芎祛风止痛,具有"治风先治血,血行风自灭"之功;薄荷、荆芥辛散轻扬,清利头目;羌活、白芷、细辛、防风疏风散邪，配川芎善入各经、各络，搜风祛邪。现代方剂学研究表明，龙胆泻肝汤具有增强体液、细胞免疫，以及良好的镇痛、抗炎、抗疱疹病毒作用。川芎茶调散具有抗炎解热，提高痛阈的功效，从而起到镇痛的作用。

带状疱疹验案

患者李某，女，68岁，因"左侧眼额部皮肤红肿疼痛伴疱疹3天"于2014年6月20日就诊。

初诊：患者有糖尿病病史3年，长期口服"优降糖"治疗，但血糖控制情况不详。入院时患者左侧眼额部皮肤可见明显的疱疹，聚集成簇，伴有红肿和严重的疼痛，部分疱疹已溃破溢出淡黄色液体，当时查血糖为12.6mmol/L，血常规示：WBC 10.9×10^9/L，N% 81%。入院诊断为糖尿病伴左侧三叉神经眼支带状疱疹。由于患者经济比较困难，无力承受西药治疗的昂贵费用，要求中医治疗，故在治疗上采用胰岛素控制血糖、中药治疗带状疱疹的方法。症见：面红目赤，烦躁不安，呻吟不止，左侧眼额部皮肤可见明显的疱疹，聚集成簇，伴有红肿和严重的灼热样疼痛，部分疱疹溃破溢出淡黄色液体，口干苦，大便干燥，小便短黄。舌红苔黄，脉弦数。

中医诊断：蛇串疮。

西医诊断：带状疱疹。

辨证：风邪上攻，肝胆湿热毒盛证。

治法：疏风除湿，泻火解毒。

方药：龙胆泻肝汤合川芎茶调散加减。

黄芩15g	生地黄15g	柴胡15g	泽泻15g
木通10g	炒栀子15g	龙胆草15g	车前草30g
当归15g	生甘草10g	川芎15g	荆芥15g
防风15g	细辛5g	白芷15g	薄荷10g
羌活15g			

煎服法：水煎服，沸后15分钟左右取汁，三煎共取汁600mL，1日4次，每次服150mL。

患者第一剂中药服完后，患处的疼痛明显缓解，服完3剂中药后，疼痛完全消失，患处的红肿显著消退，且溃破处也结痂，患者要求出院门诊服药治疗，后嘱患者门诊继服上方3剂而痊愈。

按：本病属于中医学的"蛇串疮""缠腰火丹"范畴，《诸病源候论·疮病·甑带疮候》中提出"此亦风湿搏于血气所生"，故其多由肝胆湿热、流注经脉，气血瘀滞所致，治疗当以清泄肝胆湿热、活血行气止痛为主。根据陈绍宏临床观察，此二方合用治疗带状疱疹疗效确佳，一般3～5剂即可痊愈，而且不会遗留神经痛的后遗症。陈绍宏同时指出，本病毕竟属于外感疾病，其发病情况同其正气强弱密切相关，需根据具体情况来决定是祛邪还是扶正，不能生搬硬套。陈绍宏在临证中也曾遇由于肠腑浊邪阻滞于内，气机受阻，气血瘀滞所致带状疱疹，治疗当以荡涤浊邪、畅通脏腑气机、活血行气止痛为主，方选大柴胡汤通腑泻浊，加赤芍活血，大枣养血。古籍中对本病治疗的记载，在宋代以前文献较少，缺乏体系。宋代以后逐渐出现关于治疗内容的文献，至明清时期，对本病病因病机分析、辨证分型、内治外治记载逐渐全面，形成了一定的体系。如明代《外科正宗·火丹》中记述："火丹者，心火妄动，三焦风热乘之，故发于肌肤之表，有干湿不同，红白之异。干者色红，形如云片，上起风粟，作痒发热，此属心、肝二经之火，治以凉心泻肝，化斑解毒汤是也。湿者色多黄白，大小不等，流水作烂，又且多疼，此属脾、肺二经湿热，宜清肺、泻脾、除湿，胃苓汤是也。腰胁生之，肝火妄动，名曰缠腰丹，治宜柴胡清肝汤。外以柏叶散、如意金黄散敷之。"

除此之外，近来，已明确关木通所含马兜铃酸能引起肾脏损害甚至肾衰竭，这引起了医学界和社会界的广泛关注和不安，但陈绍宏所用木通为川木通，并不含马兜铃酸，在临床应用中也未发现有肾脏损害。

（十二）膈下感染、膈下脓肿的诊治

膈下感染是指发生于横结肠以上、膈肌以下任何部位的感染性炎症，往往是膈下脓肿的前奏，多数患者直至形成膈下脓肿后，因症状、体征愈发明显才得以确诊。膈下感染与膈下脓肿多见于胃肠穿孔、阑尾穿孔、闭合性腹部损伤、手术后残留等所致腹膜炎后的患者，或是免疫力低下、长期卧床、肝硬化、门静脉高压手术所致。病原菌多为大肠杆菌、葡萄球菌、链球菌。病理生理学改变的形成原因主要为：患者平卧位时膈下为腹腔最低部位，因此，感染性物质容易汇聚于此，从而导致感染、脓肿。然而，5% ～ 10% 的膈下脓肿无外伤、穿孔、手术病史，故临床中诊断困难，病死率较高。在临床上，患者往往表现为高热、乏力、消瘦、盗汗、上腹部疼痛，呃逆。膈下感染可引起胸膜、肺反应，使患者出现咳嗽、胸痛、胸腔积液或肺不张等，容易误诊为肺炎。随着 CT、床旁超声的普及、抗生素的升级与手术改良，对膈下感染、膈下脓肿的诊断与治疗变得较容易。在治疗上，膈下感染一般予以内科保守抗感染治疗；膈下脓肿由以手术治疗为主转为经皮穿刺置管引流术为主，并辅以抗生素、补液、营养支持等治疗方法。但目前，对于本病的治疗仍然存在许多挑战需要解决：首先，虽然约 70% 的患者经手术、抗感染等治疗后，腹腔内感染灶可被完全吸收，但约 30% 的患者仍会发展成局限性脓肿；其次，即使采用经皮穿刺置管引流术，仍有 20% 的患者难以较快治愈；最后，手术切开引流术对患者造成的创伤较大、费用昂贵，也难以保证预后。中医学对感染性炎症的治疗具有独特的理论与方法，且具有价廉、副作用小的优势。因此，从中医学宝库中寻找到合适的治疗方法，越来越受到西医界的关注。陈绍宏指出，无论是膈下感染，还是膈下脓肿，其久久难愈、病情反复的根本原因皆在于感染性物质无法排出所致，即使行穿刺引流或手术切开引流，由于平卧时该部位处于最低处，引流难以保持通畅，感染性物质容易积聚，故治疗效果较差。因此，在治疗本病时，及时促进感染性物质的消散是治疗关键。本病在中医中属"腹痛""伏梁""腹痛"范畴。《素问·举痛论》曰："寒气客于肠胃之间，膜原之下，血不得散，小络引急，故痛。"《素问·腹中论》曰："病有少腹盛，上下左右皆有根……病名曰伏梁……裹大脓血，居肠胃之外。"《景岳全书·腹痛》曰："腹痛，谓疮生于肚腹，或生于皮里膜外，属膏粱浓味，七情郁火所致。"借助西医学 CT 诊断技术，医生能够及时了解感染部位位于膈下，结合中医学理论，本病当属"膈痛"范畴。古语云："脓成决以刀针。"然而，陈绍宏认为，从西医学手术治疗发展史观察可发现，部分患者疗效不理想。故陈绍宏主张对膈下感染、较小的膈下脓肿采用中医药治疗为主的方法，对较大的膈下脓肿采用穿刺引流结合中医药治疗的方法。辨证可分为热毒内盛，气血燔蚀与正虚不托，气血瘀滞；热毒内盛，气血燔蚀者，多为初次发作的青壮年，急性起病，腹痛拒按，疼痛难忍，脓成后坚硬拒按，伴高热、大渴、大汗、便秘尿赤，舌质红，苔黄厚腻，脉数。其病机总为热毒结聚膈下，燔灼蚀肉，血败肉腐成脓，脓与血结，瘀阻膈下；治宜清热解毒，逐瘀内消；选方：仙方活命饮合膈下逐瘀汤加减。仙方活命饮出自《校注妇人良方》，具有清热解毒，消肿散结，活血止痛的功效。方中金银花为清热解毒疗疮之圣药。当归尾、赤芍、乳香、没药、陈皮行气活血通络，消肿止痛，配合银花辛窜而不燥，诸药得金银花，清解之力大增；白芷、防风散邪外出，善走肌腠，具有外托之功；贝母、天花粉、穿山甲、皂角刺通行经络，透脓溃坚。加酒煎服，使药性剽疾滑利，引诸药直达病所，走窜导邪外出。膈下逐瘀汤出自《医林改错》，具有活血祛瘀，行气止痛的功效。方中桃仁、红花、五灵脂破血逐瘀，软坚散结，能破脓壁；当归、川芎、赤芍、牡丹皮相配，凉血养血，活血化瘀；川芎、香附、乌药、枳壳、延胡索为诸血药之帅，具有行气止痛，助瘀结破溃之功。正虚不托，气血瘀滞者，多为年老体弱者，病情迁延，反复发病，腹部疼痛，隐隐作痛为主，得温痛减，脓成较软，伴低热或不发热，全身乏力，消瘦，舌质淡，苔白厚腻，脉涩。其病机总为正气不足，火热毒邪留连，难分胜负，脓瘀阻滞膈下；治宜益气托里，化瘀排脓；选方：薏苡附子败酱散合透脓散合膈下逐瘀汤加减。薏苡附子败酱散出自《金匮要略》，具有扶助阳气，排脓消肿之效。方中薏苡仁利湿溃脓排脓；败酱草破瘀血、排脓毒；附子扶助阳气，走而不守，辛开走散，助诸药直达病所，所向披靡。透脓散出自《外科正宗》，具有补益气血，托里透毒的功效，主治正虚不能托毒、内已成脓、外不易溃、漫肿无头之痈疡；方中黄芪、当归、川芎养血补气；穿山甲、皂角刺通络，使诸药直达病所。现代药理学研究证实，仙方活命饮具有提高机体免疫，改善感染灶局部环境条件，提高机体抗感染能力的作用。膈下逐瘀汤中当归、川芎、赤芍、红花等具有改善循环、抗菌的作用。薏苡仁、败酱草具有抗菌、抗炎的作用。透脓散具有增强人体免疫力，促进血液循环与物质代谢，以及抗菌、抗炎的作用。

膈下感染验案

张某，男，19岁，因"寒战发热、右胁痛3天"于2012年5月17日就诊。

初诊：3天前，患者突发寒战高热，右胁肋疼痛。于外院就诊查血常规+C反应蛋白：WBC 29.2×10^9/L，N% 93%，CRP 73.4mg/L。胸部CT、腹部彩超未见异常。考虑诊断为肺炎、胆道感染，经验性抗感染治疗7天后上述症状未见缓解。现为求中医药治疗来院求治，症见：寒战高热（40℃），右胁肋刺痛，转身、活动尤甚，伴昏昏欲睡，不欲饮食，口干饮冷。大便干，小便黄少。舌红，苔薄黄，脉弦滑。复查血常规 +C 反应蛋白：WBC 16.3×10^9/L，N% 91%，CRP 105.6mg/L。阅 CT 片示肝包膜与膈肌部分粘连征象。

中医诊断：腹痛。

西医诊断：膈下感染。

辨证：热毒内盛，气血燔蚀证。

治法：清热解毒，逐瘀内消。

方药：仙方活命饮合膈下逐瘀汤加减。

金银花 30g	当归 20g	赤芍 20g	酒川芎 20g
乳香 12g	没药 12g	陈皮 15g	皂角刺 30g
白芷 20g	天花粉 20g	浙贝母 15g	炒枳壳 20g
醋延胡索 20g	制香附 15g	甲珠粉 15g（冲服）	

煎服法：3 剂，水煎煮，沸后 20 分钟左右取汁，1 日 1 剂，1 日 3 次，每次服 150mL，饭后半小时温服。每次药汁冲服甲珠粉 5g。

二诊：发热较前明显减轻（最高体温 38.5℃），无寒战，右胁肋刺痛明显减轻，口干饮冷。大便干，次数增多，小便黄。舌红，苔薄白，脉滑。复查血常规 +C 反应蛋白：WBC 12.3×10^9/L，N% 87%，CRP 46.9mg/L。再进 7 剂，煎服法同上。服药后患者上述症状逐渐消失，复查血常规 +C 反应蛋白、上腹部 CT 未见异常。随访 6 个月，未复发。

按：本案患者正值青年，年轻气盛，正气不衰，热毒入侵，正邪斗争激烈，热毒炽盛，搏聚于膈下，气血两燔，煎熬营血，炼血为瘀，瘀、热、脓、毒闭阻膈下而发为本病。故本病治疗的关键在于"热毒""瘀血"，常用仙方活命饮合膈下逐瘀汤加减，取其清热解毒、逐瘀内消之功，瘀毒自消，经络通畅则发热、疼痛缓解，正如《医学发明·泻可去闭葶苈大黄之属》所言"痛则不通""痛随利减，当通其经络，则疼痛去矣"。数剂后诸症缓解，辅助检查提示感染好转，未见脓肿形成，随访数月未见复发加重。

本病由瘀、热、脓、毒阻滞于膈下，故陈绍宏将本病归属于"膈痛"，结合其临床表现，其治疗可借鉴"腹痛""伏梁"等疾病，《灵枢·邪气脏腑病形》指出："心脉……微缓为伏梁，在心下。"膈下感染、膈下脓肿是同一疾病的不同阶段，其治疗有异曲同工之妙，结合患者体质禀赋、正气强弱，治疗虽分虚实两端，但本病常因穿孔、感染、体弱易感等致脓毒流于膈下，蕴结而成；或情志抑郁，肝胆失疏，气滞湿阻化热化火成痈；或因闪挫跌仆、内脏损伤、腹部术后染毒而成，或正气禀赋不足，邪气阻于膈下，总以瘀、热、脓、毒为主，故治疗以瘀、脓、毒最为关键。经研究证实，活血化瘀中药能通过改善血液循环、增强腹膜吸收功能等作用，促进腹腔感染病灶的吸收；通过抗凝、促纤溶等药理作用，降解脓肿壁中的纤维组织，加快脓肿的消散；通过改善血液循环，增加病变组织的供血供氧，抑制厌氧菌生长，有利于抗生素、清热解毒中药充分发挥其治疗作用。故针对本病的治疗，无论处于感染初期、脓肿形成或成熟阶段，抑或虚实不同，陈绍宏常用选方为膈下逐瘀汤，取其活血化瘀，通络止痛之用。

临床中须知，本病总体分为两端：热毒内盛，气血燔蚀证与正虚不托，气血瘀滞证，在膈下逐瘀汤的基础上，结合本病病机证候的不同，合用不同方药。热毒内盛，气血燔蚀证，加用仙方活命饮清热解毒，消肿溃坚，活血止痛。仙方活命饮为外科第一方，诚如《校注妇人良方》所言"治一切疮疡，未成者即散，已成者即溃，又止痛消毒之良剂也"，是为治疗阳证痈疡的重点方剂，用在此处取其内消法，促进瘀血、脓毒消散，二方合用增强清热解毒，活血化瘀通络之功。正虚不托，气血瘀滞证，多因年老体弱，正气亏虚，抗邪能力减低，无力祛邪外出，以致病情迁延、反复，病久必虚致阳气虚衰，瘀血脓毒长期积聚膈下，顽固不化而发，则加用薏苡附子败酱散合透脓散，益气托里、化瘀排脓，久病瘀血胶固，阳气亏虚，阴邪久久不得化，附子辛热温通经脉，振奋阳气，诸邪得温则化。本病因位置特殊，临床常无特异性表现，早期诊断困难，早期介入中医药治疗可以很好地改善预后。

（十三）脾切除术后发热的诊治

脾切除术后发热是指由于脾破裂、脾功能亢进、脾局部脓肿、局部肿瘤、肝硬化合并门静脉高压、外伤等行脾脏切除术后患者出现的持续性发热。本病的主要发病原因可分为感染性和非感染性两类，具体原因很难确定。目前，多认为与术后感染、术后创伤应激效应、免疫功能调整、异型性蛋白及毒素的共同作用密切相关。不仅如此，相关研究表明，脾切除后门静脉血栓的形成是导致患者出现非感染性发热的独立危险因素。脾切除术后发热作为脾切除术的并发症，常常很难与单纯感染引起的发热鉴别。临床表现为术后 1～2 周内开始出现持续性中低热，时间多数在 1 个月以上。然而，值得注意的是，术后相关性感染，特别是脾切除术后凶险感染往往使患者病情危重、死亡率增高，故西医学在脾切除术后发热的诊治思路上多首先考虑感染，治疗上一般予以大剂量高档抗生素。部分患者虽经足量、足时的抗感染治疗，但发热仍然存在，长期发热带来的一系列病理生理改变使患者的病情不断加重，甚至危及生命。目前，对于脾切除术后发热的治疗多提倡采用中西医结合的方式，以充分发挥中医药的优势，此举在西医界得到了较高的认同。陈绍宏认为，多种原因导致了本病的发生，尽管使用了抗感染药物，但患者的发热并未见缓解，故考虑与门静脉血栓形成、免疫机制重新调整密切相关，感染相关性发热可能性较低，但也不能掉以轻心。因此，治疗本病的关键在于消除门静脉血栓、促进机体免疫功能的恢复。中医学认为本病属"脾热"范畴。《素问·刺热》曰："脾热病者，先头重，颊痛，烦心，颜青，欲呕，身热。热争则腰痛不可俯仰，腹满泄，两颔痛。"《证治准绳·杂病》云："轻手扪之不热，重按至筋骨又不热，不轻不重，在轻手重手之间，此热在肌肉，遇夜尤甚。"陈绍宏认为，患者久病、重病、术中多亡血，术后多损气，故本病总以虚为本，无脾实热，尽以脾虚热为主。虚中夹实，而其实，则又以气虚血瘀、恶血瘀结为主。病机总为：脾经被损，清阳骤降，恶血内结，郁遏发热；辨证多属：气虚血结；治宜补中益气，甘温除热，消散恶血；选方：补中益气汤合膈下逐瘀汤加减。需要进一步说明的是，本病总以虚为本，但夹杂恶血。其质坚而不朽，单血药不能；其性顽而不化，非血药不能。故须补益正气与攻伐瘀血并用，表为补益正气，实为补消并重，欲消先补，补为消所用。只有如此，才能达"去菀陈莝"，清阳才得以复升。补中益气汤出自李东垣《内外伤辨惑论》，具有补中益气，甘温除热，升阳举陷之功。方中黄芪入脾肺肾，甘温益气，助血药之运。配伍人参、炙甘草、白术，固护脾经，升托清阳。当归养血活血，与黄芪、人参相须，一则助血药运行达祛瘀之用，二则补气生血，达祛瘀生新之意；陈皮理气和胃，有鞭挞清阳升举之功。少量升麻、柴胡携清阳升散，郁热自除。膈下逐瘀汤出自《医林改错》，具有活血祛瘀，行气止痛的功效。方中桃仁、红花、五灵脂活血逐瘀，软坚散结，能消恶血；当归、川芎、赤芍、牡丹皮相配，养血活血；川芎、香附、乌药、枳壳、延胡索为诸血药之帅，助瘀血消散。两方相配，甘温除热，补气行血，补气生血。然而，方中人参与五灵脂相畏，且《本草汇纂》记载："反藜芦，畏五灵脂、防风。"陈绍宏认为，无论是人参与五灵脂，还是黄芪与五灵脂，两药合用，并无不宜。且李中梓也指出人参与五灵脂合用"两者同用，功乃易显"。现代药理学研究表明：补中益气汤具有明显的增强免疫、抗菌、抗应激、退热作用，其退热作用可能与降低中枢发热介质前列腺素 E_2 与环磷酸腺苷有关。膈下逐瘀汤中五灵脂、川芎、桃仁、红花等都具有抗血小板、抗血栓、抗凝血的作用。

脾切除术后发热验案

患者李某，男，55 岁，因"发热 1 周"于 1999 年 6 月 22 日就诊。

初诊：患者因肝硬化 10 余年，脾功能亢进 1 年，于 3 周前在外院行脾切除术。1 周前，患者无明显诱因出现发热，查血常规等均未提示感染。临床医生行经验性抗感染、退热等治疗后患者发热未见缓解。现求治于门诊，症见：发热（37.5～38.5℃），午后及入夜尤甚，晨起缓解。面色黧黑，消瘦乏力，口干不欲饮，不思饮食，腹胀，食入即满。舌淡紫，苔白厚微腻，脉细。

中医诊断：脾热。

西医诊断：脾切除术后发热。

辨证：气虚血结证。

治法：补中益气，甘温除热，消散恶血。

方药：补中益气汤合膈下逐瘀汤加减。

生晒参 15g	炒白术 20g	炙黄芪 50g	炙甘草 10g
陈皮 15g	制升麻 9g	柴胡 9g	当归 15g
酒川芎 15g	赤芍 15g	醋五灵脂 10g	炒枳壳 20g
醋延胡索 20g	制香附 15g	乌药 15g	

煎服法：3 剂，水煎煮，沸后 20 分钟左右取汁，2 日 1 剂，1 日 5 次，每次服 100mL，饭后半小时温服。

二诊：患者发热（最高体温 38.0℃）、腹胀乏力较前减轻，口干不欲饮，不思饮食。舌淡紫，苔白厚，脉涩。在前方基础上，将炙黄芪用量减至 30g，加烫水蛭 10g。再进 3 剂，煎服法同上。

三诊：患者未再发热，偶有腹胀乏力，口干、不思饮食减轻。舌淡红，苔白，脉滑。查腹部彩超提示门静脉血栓形成。予以香砂六君子汤合益气活血散加减。

生晒参 30g	炒白术 30g	茯苓 30g	炙甘草 10g
陈皮 15g	法半夏 15g	木香 30g	砂仁 15g
酒川芎 30g	丹参 30g	三七 30g	

服法：10 剂，打粉，每次 10g，1 日 3 次，饭后半小时温服。随访 2 个月，患者发热未复发。

按： 中医学认为本病属"脾热"范畴。久病重病耗伤人体正气，且术中失血或损伤等，终致本病以虚为主，气血亏虚，气虚血瘀，瘀血胶固，郁遏而热，属于中医"内伤发热"范畴，诚如《金匮要略·血痹虚劳病脉证并治》中所说"虚劳里急，悸，衄，腹中痛，梦失精，四肢酸疼，手足烦热，咽干口燥，小建中汤主之"、《诸病源候论·虚劳热候》指出"虚劳而热者，是阴气不足，阳气有余，故内外生于热，非邪气从外来乘也"，其热势可高可低，但均持续时间较长。而《景岳全书·火证》所说"实火宜泻，虚火宜补，固其法也。然虚中有实者，治宜以补为主，而不得不兼乎清"，本病以本虚为主，夹杂瘀血郁遏，故陈绍宏在治疗脾切除术后发热者，常常以补为消，不惧发热反用温补之剂，遵循"有是证用是方"，常选用补中益气汤合膈下逐瘀汤加减。本案中患者年老，长期患有消耗性疾病，损伤机体正气，祛邪外出能力差，加之手术失血耗气，损伤劳倦，以致气血亏虚，瘀血阻滞，恶血内结，郁遏发热，瘀血不去，正气不复则病久难愈。辨证为气虚血结；方用补中益气汤合膈下逐瘀汤加减，加用水蛭破血逐瘀，以消恶血，诸药合用补中益气，升阳举陷，甘温除热，逐瘀通络，瘀去新生。数剂后患者发热好转，正气亏虚逐渐缓解，恶血不再，正虚为主，故后期以扶正为主，选用香砂六君子汤合益气活血散顾护一身之本，经治疗后随访未复发。

"内伤发热"病因诸多，气虚、血虚、阴虚、阳虚、瘀血、痰凝等均可引起发热，结合病理生理学研究：脾切除术后，患者血小板明显增多；门静脉压力下降引起门静脉系统血流变缓；断流术阻断了胃底和食管下段的门体侧支循环，使门静脉系统血液瘀滞加重；脾切除术后脾静脉被结扎而形成一盲端等，引起门静脉血栓形成，导致血栓性静脉炎，引起非感染性发热。而门静脉高压症患者脾切除术后在左膈下遗留一较大的腔隙，易于在左膈下发生积血、积液，亦常导致患者发热。因此，陈绍宏认为脾切除术后，消除门静脉血栓、促进机体免疫功能的恢复，是治疗术后持续性发热的关键，结合中医学理论，认为本病发病的关键在于"正气亏虚""恶血郁遏"，《医门法律·虚劳论》说："血痹则新血不生，并素有之血，亦瘀积不行。血瘀则荣虚，荣虚则发热。"《医林改错·血府逐瘀汤所治之症目》认为"身外凉，心里热，故名灯笼病，内有瘀血，认为虚热，愈补愈瘀；认为实火，愈凉愈凝"。故治疗本病时，无论患者"内伤发热"病因如何，陈绍宏通过临床经验常常合用活血化瘀药，以达推陈出新，去菀陈莝之功。

此外，陈绍宏曾治疗一持续发热半月余的患者（基础疾病：肝炎后肝硬化失代偿期，脾功能亢进，全血细胞减少，脾切除术后）。患者于脾切除术后次日出现不明原因发热，持续20余天，入住我科前曾在四川某省级西医院经静脉滴注"头孢曲松、替硝唑"及对症综合治疗近半月，无效出院。入院时患者以午后发热（38～39.2℃）为主，腹大如鼓，面色萎黄，不思饮食，少气懒言，舌质红，苔花剥，辨证为气虚发热，遵李东垣甘温除大热法，使用理中汤、补中益气汤和香砂六君子汤三方合方，汤剂口服治疗。当时在场的医生都半信半疑，体温这么高，竟敢使用人参、干姜。但实践是检验真理的唯一标准，除服药次日体温曾短暂上升至39.6℃外，此后体温一直呈逐渐下降趋势，6天后体温完全恢复正常。该患者入院后，经上腹部彩超检查提示"门静脉主干血栓形成，该区血流信号不明显"，体温复常后予汤剂血府逐瘀汤加味口服，治疗过程中监测上腹部彩超，提示血栓体积逐渐缩小，该区血流信号逐渐增强。可见，陈绍宏在治疗本病时一则强调扶助正气，甘温益气除热；一则强调活血化瘀，以绝宿根。临床每遇，屡试屡效。

（十四）脊髓炎的诊治

脊髓炎是指由各种感染所致或由感染所诱导的脊髓灰质和（或）白质的炎性病变。本病的发病原因目前多认为与病毒、细菌、螺旋体、立克次体、寄生虫、原虫、支原体等生物源性感染密切相关，但仍有部分患者发病原因最终也难以确定。本病在临床上，根据病程的长短分为3型：数日内症状发展到高峰者称为急性脊髓炎；在2～6周内症状达高峰者称为亚急性脊髓炎；病程超过6～8周者称为慢性脊髓炎。主要临床特点为：好发于从事重体力劳动的青壮年。起病前多有上呼吸道感染、消化道感染、外伤、劳累、受凉、预防接种等诱因。病损以下的肢体瘫痪、肌张力减低，损害平面以下所有感觉缺失和以膀胱、直肠功能障碍为主的自主神经功能损害。目前，西医主要使用糖皮质激素抑制免疫来减轻脊髓损害的进展，或使用免疫球蛋白调节免疫，B族维生素营养神经。对褥疮、肺炎、呼吸麻痹、神经性膀胱等并发症，只能选择对症支持治疗。然而，大剂量使用糖皮质激素不仅会产生一系列副作用，而且患者个体对激素的反应性不同，产生的疗效也不尽相同，确切的疗效也无法保证。使用免疫球蛋白不仅价格昂贵，还有感染其他疾病的风险。陈绍宏指出，脊髓炎的病理生理学改变主要为：虽有急性、亚急性、慢性的表现形式，但均存在病变区域神经元变性、坏死，白质中血管周围髓鞘缺失，炎性细胞渗出，胶质细胞改变等。脊髓核磁共振检查部分可见病变脊髓膨大，或有节段性水肿。因此，促进病变部位炎症消退，加速变性、坏死组织消散、吸收是治疗本病的关键所在。本病在中医看来属"痿证"范畴。《素问·痿论》将痿证分为皮、脉、筋、骨、肉五痿，并提出了"治痿独取阳明"的基本治疗原则。《素问·生气通天论》曰："因于湿，首如裹，湿热不攘，大筋软短，小筋弛长，软短为拘，弛长为痿。"不仅如此，张子和在《儒门事亲》说"大抵痿之为病，皆因客热而成……总因肺受火热叶焦之故，相传于四脏，痿病成矣""痿病无寒""若痿作寒治，是不刃而杀之"。《罗氏会约医镜·论痿证》曰："火邪伏于胃中，但能杀谷，而不能长养气血""治者，使阳明火邪毋干于气血之中，则湿热清而筋骨自强，此经不言补而言取者，取去阳明之热邪耳"。陈绍宏认为，历代医家将痿证的核心病机都视作"湿热""火热"所致。而通过现代影像诊断学技术，我们发现此类痿证的根本原因在于脊髓，结合中医学理论，脊髓与脑同属一体，皆属中医"髓"之范畴，《灵枢·海论》曰："脑为髓之海……髓海有余，则轻劲多力，自过其度；髓海不足，则脑转耳鸣，胫酸眩冒，目无所见，懈怠安卧。"因此，本病当作"髓痿"。髓为精气之所聚集，是人体一身精气血津液、阳气的汇聚之处。脊髓炎所致痿证患者常常表现为肢体瘫软无力，感觉异常或丧失，伴全身乏力、疲惫至极。加之此类患者多为从事重体力劳动者，此必耗伤精气、阳气，故髓痿多以阳气亏虚为本。通过对病理生理学的研究，结合中医学理论，局部脊髓的变性、坏死导致局部炎性渗出，虽无红肿热痛出现，却绵绵不绝，病情久缓。故陈绍宏认为，其病机多属"髓痿者，阳气疲惫，惫者，气血不通，必生阴疽于内"。这就与历代医家从湿热、火热论治，提倡"远热勿作寒治"的观点形成了鲜明对比。其辨证多为：阳虚不托，阴疽内生；治宜温阳益气，活血通络，托毒内消；选方：阳和汤合透脓散加减；若出现感觉异常，如肢体麻木、疼痛、烧灼感、蚁行感等不适，或起病急骤，或疾病绵绵不愈者，皆为阴疽难化，正气难生，可加味全蝎、蜈蚣同煎，冲服制马钱子0.5g，1日1次。阳和汤出自《外科证治全生集》，具有温阳补血，散寒通滞的功效，主治阴疽；方中麻黄、肉桂、炮姜温阳通络，起到了温化的关键作用；鹿角胶、熟地黄具有温阳、养血，补益精气血的作用。透脓散出自《外科正宗》，具有补益气血，托里透毒的功效，主治正虚不能托毒、内已成脓、外不易溃、漫肿无头之痈疡；方中黄芪、当归、川芎养血补气；穿山甲、皂角刺通络，使诸药直达病所。现代药理学研究也证明，方中熟地黄具有调节免疫、抑制抗体、抗氧化的作用；鹿角胶具有抗炎、调节毛细血管通透性、增强人体免疫的作用；麻黄、肉桂具有一定的抗炎、改善微循环的作用。黄芪、当归、穿山甲、皂角刺等具有抗炎、调节免疫的良好作用。而方中马钱子、全蝎、蜈蚣具有调节免疫，抗炎、镇痛的作用。特别是马钱子能够兴奋中枢神经系统，首先兴奋脊髓的反射功能，以及延髓呼吸中枢。

脊髓炎验案

患者陈某，男，46岁，因"双下肢活动不利伴感觉异常1个多月"于2016年10月20日就诊。

初诊：1个多月前，患者因上呼吸道感染出现双下肢活动不利，伴麻木、疼痛感。1个多月来患者上述症状进行性加重。1周前，于外院诊断为亚急性脊髓炎，先后予以糖皮质激素、免疫球蛋白等治疗后未见明显好转。现为求进一步治疗，来院就诊。症见：双下肢活动不利，伴阵发性麻木疼痛感（目前服用普瑞巴林止痛），乏力倦怠，喜卧少动，情志抑郁，大便溏薄。舌淡胖，苔薄白，脉沉。

中医诊断：髓痿。

西医诊断：亚急性脊髓炎。

辨证：阳虚不托，阴疽内生证。

治法：温阳益气，活血通络，托毒内消。

方药：阳和汤合透脓散加减。

| 熟地黄 30g | 鹿角胶 12g | 炮姜 12g | 肉桂 12g |

炙麻黄 15g	白芥子 15g	生黄芪 30g	红花 10g
当归 15g	皂角刺 15g	酒川芎 15g	炙甘草 10g
甲珠粉 6g^{（冲服）}	制马钱子 0.6g^{（冲服）}		

煎服法：3 剂，水煎煮，沸后 30 分钟左右取汁，2 日 1 剂，1 日 3 次，每次服 150mL，饭后半小时温服。每日早晨药汁顿服甲珠粉 3g、马钱子 0.3g。

二诊：患者能拄拐行走，双下肢麻木疼痛感明显减轻。乏力倦怠、喜卧少动、情志抑郁同前。大便溏。舌淡胖，苔薄白，脉沉。查肝肾功能未见异常。在原方基础上加用菟丝子 30g、骨碎补 15g，炙黄芪用量增至 50g。再进 7 剂，煎服法同上。

三诊：患者能去拐独自行走，双下肢麻木疼痛感消失。复查肝肾功能未见异常。嘱患者加强功能锻炼。随访 6 个月未见复发。

按：历代医家治疗痿证，早期多从"湿热""火热"论治，后世医家逐渐改变了此看法，《三因极一病证方论》指出情志失调、劳逸失度致"内脏精血虚耗，荣卫失度"，也指出"痿躄证属内脏气不足之所为也"，《景岳全书·痿证》强调"非尽为火证……而败伤元气者亦有之"，并强调精血亏虚致痿，故对于"髓痿"的治疗，结合患者素体本虚，多从阳虚寒凝、痰瘀胶着论治。本案患者正值壮年，损伤劳倦，耗伤正气，卫外不固，外邪侵袭，气血亏虚，经络阻塞，气血循行不得流畅，寒凝痰滞，痰瘀内生，血瘀痰凝相互胶着，形成疽毒，深藏髓海，则机体组织失去濡养，以致机体功能异常，发为本病，病情缠绵悱恻、经久不愈。单纯西医治疗，个体化不强、副作用多且收效不佳，根据"脊髓炎"病理生理学改变、中医理论指导，陈绍宏认为治疗本病多从"髓痿""阴疽"论治，选方阳和汤合透脓散，温阳益气、活血通络、托毒内消，配以甲珠粉、制马钱子冲服活血通络止痛、消肿散结排浊。中医学认为"肾生髓，脑为髓海"，肾主藏精、肾中精气足则髓盈，上注于脑，故肾虚证是导致"髓海不足"的重要原因，《素问·阴阳应象大论》"肾主骨生髓"、《灵枢·海论》"脑为髓之海"等记载，均提示髓病与肾脏的关系。故陈绍宏在治疗本病时，常常加用补肾填精之药，如菟丝子、骨碎补、熟地黄、淫羊藿等。

阳和汤是治疗阴疽第一方，原书强调"阳和通腠，温补气血"，认为"诸疽白陷者，乃气血虚寒凝滞所致，其初起毒陷阴分，非阳和通腠，何能解其凝""阴疽治之之法，非麻黄不能开腠理，非肉桂、炮姜不能解其寒凝，此三味虽酷暑，不可缺一也。腠理一开，寒凝一解，气血乃行，毒邪随之消矣"。透脓散用在本病中，取其"补益气血，托里透毒"之功。两方合用增强补虚扶正、通络排毒之功，配以甲珠粉活血通络散结，合用马钱子取其兴奋脊髓的反射功能、提高大脑皮质的感觉中枢功能、兴奋迷走神经、抑制免疫等功效，从中医来看一则以毒攻毒，一则通络开经。

（十五）突发性耳聋的诊治

突发性耳聋也称特发性耳聋，是指 72 小时内突然发生的、原因不明的急性特发性感音神经性听力损失，至少在相邻的两个频率听力下降 ≥ 20dB HL。根据流行病学调查显示：我国突发性耳聋发病率近年来呈逐渐上升趋势，但尚缺乏大规模的研究数据。国家突发性耳聋多中心临床研究协助组的一项研究显示，本病在我国发病年龄中位数为 41 岁，左侧略多于右侧；双侧突聋发病率较低，发病率为 2.3%，占全部患者的 1.7% ～ 4.9%。其发病诱因多与精神紧张、压力大、情绪波动、生活不规律、睡眠障碍等有关，至少 50% 患者通过长期随访也无法明确病因。临床上，患者主要表现为突然发生的听力下降，耳鸣、耳闷胀感，或伴眩晕、听觉过敏、焦虑、失眠等不适。西医在治疗上强调根据听力曲线分型进行治疗，但主要治疗药物皆为糖皮质激素、神经营养制剂、改善循环药物，并推荐每种类型的突发性耳聋都应使用改善循环药物和糖皮质激素。然而，由于病因不明，患者病情往往反复，病情逐渐加重，有效率、痊愈率不理想。加之改善循环的静脉制剂疗效差，长期使用糖皮质激素带来的一系列副作用，与疾病后期患者对激素敏感性降低等问题，使患者听力难以恢复。虽然单纯使用中医药治疗本病是否有效，目前仍缺乏大规模的研究报告，但中医药对突发性耳聋的治疗有着重要作用。陈绍宏指出，突发性耳聋的病理生理学变化，主要表现为内耳血管痉挛、血管纹功能障碍、血管栓塞或血栓形成、膜迷路积水以及毛细胞损伤等；供应内耳的血管为主要迷路动脉，此动脉细小，在病理状态下容易产生微循环障碍。特别是，随着病程的延长，患者往往出现全聋型听力下降，而此类听力下降的主要病理改变为内耳血管栓塞或血栓形成。因此，在治疗突发性耳聋时，保证迷路血管的通畅，是治疗本病的关键。只有这样，治疗药物才能直达病所，起到治疗的作用。《左传》曰："耳不听五声之和为聋。"故中医学认为本病属"暴聋""渐聋""聸聋"范畴。《素问·缪刺论》云："邪客于手阳明之络，令人耳聋，时不闻音。"《医林改错》曾言："两耳通脑，所听之声归于脑……耳窍通脑之道路中，若有阻滞，故耳实聋。"陈绍宏认为，根据本病的病理生理学改变与随病程逐渐出现的微循环障碍；结合中医学理论，本病的根本病机在于：瘀阻耳窍，新血不生，音不归脑。故其辨证多为：瘀阻耳窍证；治疗则以通窍活血为原则；选方：通窍活血汤。通窍活血汤出自王清任《医林改错》，是王氏著名五逐瘀汤之一。《备急千金要方》中曾提出运用活血化瘀药物治疗耳聋，《兰室秘藏》首次提出以柴胡聪耳汤作为活血化瘀治疗耳聋的专病专方，王氏提出通窍活血汤后，从"瘀"论治耳聋逐渐受到重视。王氏曾用本方治疗脱发、眼疼白珠红、酒渣鼻、久聋等瘀血阻窍证，在书中，王氏强调"方内麝香最要紧，必买好的方妥"。方中麝香开窍、走窜入络、为诸药开通脉管，引药直达，与黄酒相辅相成，效力倍增；赤芍、川芎行血活血；桃仁、红花攻专入络；葱、姜辛行通阳。现代药理学研究证实，麝香具有快速改善循环，调节细胞内外钙离子、稳定细胞的作用；川芎、桃仁、红花具有改善循环、抗血小板、抗凝的良好作用；方中黄酒能够扩张微循环。通窍活血汤成方能够改善突发性耳聋患者的血液流变学指标，从而改善内耳缺血缺氧状态。陈绍宏进一步指出，突发性耳聋常常夹杂风、湿、火热、气滞、肝肾虚弱等证，但是本病的核心病机仍为瘀阻耳窍，故基础方药仍选用通窍活血汤。若夹风，当疏风与散瘀并举，合川芎茶调散轻轻走上，加味蜈蚣、地龙等风药，势必如猛虎；若夹湿，当化瘀为主，兼以化湿，合藿朴夏苓汤利中焦而扬清降浊；若夹火热，初期当以清火热、养阴血为主，兼以化瘀，中后期则以化瘀为主，兼以清火热、养阴血，合清热养血汤；若兼气滞，当以理气与活血并重，合柴胡疏肝散；若兼肝肾虚弱，当化瘀为主，兼以清养肝肾，合杞菊地黄丸。

突发性耳聋验案

患者周某，女，46岁，因"突发左耳听力下降3天"于2013年9月17日就诊。

初诊：患者3天前因受凉后出现左耳听力下降，于外院行听力检测诊断为"突发性耳聋"。症见：左耳听力下降，需大声交谈方可听到，伴左耳堵塞感、头晕、耳鸣如蝉，畏噪声，月经正常，纳可，大便不成形，日2行，眠差，入睡难。舌暗红，苔白，脉浮。

中医诊断：暴聋。

西医诊断：突发性耳聋。

辨证：邪闭清窍，气滞血瘀，瘀阻耳窍证。

治法：通窍活血。

方药：通窍活血汤加减。

| 桃仁 10g | 红花 10g | 赤芍 15g | 川芎 15g |
| 大枣 10g | 当归 15g | 丹参 15g | 麝香 0.1g^{（冲服）} |

煎服法：3 剂，除麝香外，水煎煮，沸后 30 分钟左右取汁，1 日 1 剂，1 日 3 次，每次服 100mL，饭后半小时温服。麝香 0.1g，冲服，1 日 1 次。

二诊：患者头晕基本消失，耳堵感、耳鸣较初诊明显减轻，仍畏噪声，纳可，大便不成形，眠差，舌暗红，苔白，脉浮。在前方基础上加用石菖蒲 15g，再进 4 剂，煎服法同上。

三诊：服上药后，患者诉头晕未再出现，自觉听力恢复正常，纳眠可，二便调，舌红，苔薄白，脉浮。辅助检查：听阈测试值正常。

按：突发性耳聋是一种突然发生的原因不明的感觉神经性耳聋，又称暴聋，目前治疗尚未获得满意疗效。本案中患者系中年女性，感受外邪，清窍闭阻，闭塞不通，故耳鸣、听力下降，伴左耳堵塞感，头晕，气机不畅，血运受阻则成瘀血，治以通窍活血法。方中麝香味辛性温，功专开窍通闭，活血，赤芍、川芎行血活血，桃仁、红花活血通络，佐以大枣缓和芳香辛窜药物之性。3 剂后患者症状有所改善。因患者大便不成形，多与湿邪蕴积肠道有关，故予石菖蒲以化湿、开窍，再进 4 剂后疗效显著。

临床中常有耳鸣、重听、耳聋之分，三者可相互影响，或同时存在，严重者往往发展为耳聋。耳鸣，即患者自觉耳内鸣响，如闻蝉鸣或潮水声，或左或右，或两侧同时鸣响，或时发时止，或持续不停。临床有虚实之分，若暴起耳鸣声大，用手按而鸣声不减，属实证，多因肝胆火盛所致；渐觉耳鸣，声音细小，以手按之，鸣声减轻，属虚证，多由肾虚精亏，髓海不充，耳失所养而成。重听即听声音不清楚，往往引起错觉，听力减退的表现。多因肾虚或风邪外入所致。耳聋即患者听觉丧失的症状，常由耳鸣发展而成。新病突发耳聋多属实证，因邪气蒙蔽清窍，清窍失养所致，渐聋多属虚证，多因脏腑虚损而成。一般而言，虚证多而实证少，实证易治，虚证难治。而活血化瘀法治疗本病由来已久，唐代《备急千金要方》提到运用川芎、当归、牡丹皮等活血化瘀药物治疗暴聋；《兰室秘藏》则首次记载了柴胡聪耳汤作为活血化瘀方治疗耳聋，方中以当归养血，水蛭、虻虫活血祛瘀，柴胡、连翘升发清阳，麝香通窍，人参补气，宜用于血瘀暴聋兼气虚者。《医林改错》则直接从解剖上解释血瘀致聋的病理机制，其制定的通窍活血汤和通气散两首方剂，成为指导现代临床的重要方剂。通气散由柴胡、川芎、香附组成，适用于气滞血瘀较轻者。通窍活血汤则以桃仁、红花、川芎、赤芍活血祛瘀，麝香、老葱走窜通窍，生姜、大枣调理中焦，使气血生化，诸药合用，行活血通窍之功，宜用于血瘀致暴聋症情较重者。

二、医案

（一）急性上呼吸道感染

1. 太阳伤寒表实证

患者田某，女，17岁，2014年2月9日就诊。

主诉：发热5天。

初诊：患者5天前感受风寒之邪而感恶寒、发热，体温持续39～40℃，去某西医院就诊，诊断为上呼吸道感染，用头孢类抗生素、中药静脉制剂双黄连粉针剂治疗，高热持续不退，只能用解热镇痛药短暂退热，但4～6小时后体温又回升至39～40℃。由于治疗效果不好，于1天前转我院就诊。症见：颜面红赤，肌肤灼热，恶寒，发热，无汗，头项强痛、难以转侧，全身肌肉酸痛，无口渴心烦，无咳嗽咽痛，无呕恶，二便调。舌质淡红，苔薄白，脉浮紧。查体：体温39.5℃，脉搏105次/分，呼吸18次/分，血压110/65mmHg。急性热病面容，全身浅表淋巴结未触及肿大，咽部充血，双侧扁桃体无肿大，双肺未闻及干湿啰音；血常规：WBC 6.4×10^9/L，N% 65%，L% 35%；胸部X线检查提示双肺纹理稍粗，余无异常；完善其他检查排除伤寒、副伤寒、系统性红斑狼疮等疾病。

中医诊断：感冒。

西医诊断：急性上呼吸道感染（病毒性）。

辨证：太阳伤寒表实证。

治法：散寒解表。

方药：麻黄汤合葛根汤。

| 生麻黄 15g | 桂枝 15g | 生甘草 10g | 燀苦杏仁 15g |
| 葛根 30g | 白芍 15g | 生姜 15g | 大枣 15g |

煎服法：1剂，水煎煮450mL，沸后15分钟左右取汁，每2小时服150mL，盖被而睡。

二诊：患者于就诊当晚10时服第三服后半小时，自觉全身烘热，微微汗出，肌肉酸痛随之明显缓解，微汗持续不停。凌晨4时，测体温37.8℃。晨8时，体温降至正常，诸症悉退，唯感乏力。

按：患者恶寒，发热，头项强痛，头身疼痛，脉浮紧。正如《伤寒论》所说"太阳之为病，脉浮，头项强痛而恶寒""太阳之为病，或已发热或未发热，必恶寒，体痛，呕逆，脉阴阳俱紧者，名曰伤寒"。由此可知该病为太阳伤寒证；患者无汗，《伤寒明理论》曰"有汗为虚，无汗为实"，故为表实证。太阳伤寒表实证要辨其有无内热，有无停饮，《伤寒论》曰"太阳中风，脉浮紧，发热恶寒，身疼痛，不汗出而烦躁者，大青龙汤主之""伤寒心下有水气，咳而微喘，发热不渴，小青龙汤主之"。可知六经辨证以有无烦躁、口渴辨内热，有无喘咳辨停饮，该患者无口渴心烦，无咳嗽，故为单纯太阳伤寒表实证。发病已5日，外邪多化热入里，而该患者仍为风寒表实证，这正是太阳伤寒表实证的一个临床特点，临床颇为常见，《伤寒论》及《外感温热篇》都指出风寒表实证，可多日不解，停留肌表，而不化热入里，故该病辨证为太阳伤寒表实证，麻黄汤主之。陈绍宏经过多年临床观察，发现单用麻黄汤仍时有药力不够，不能发汗解表，《伤寒论》又言："太阳病，项背强几几，无汗恶风者，葛根汤主之。"葛根汤也治太阳伤寒表实证，故常两方合用治疗风寒感冒表实证，疗效很好，此已制成成品药"散寒解热口服液"，在临床广泛使用。既为风寒表实证，治法当然是辛温解表，方选麻黄汤合葛根汤合方。这里，强调一下用麻葛类辛温解表方，尤须注意服法，须按"半日许，令三服尽，若病重者，一日一夜服。周时观之，服一剂尽，病证犹在者，更作服，若汗不出者，乃服至二三剂"服用，即每2小时服一服，如每6～8小时服一服，则常不能汗出而邪去，疗效大减。

2. 风寒犯表证

患者王某，男，58岁，2014年1月12日就诊。

主诉：鼻塞、咳嗽2天。

初诊：患者慢性鼻炎病史12年，2天前受凉后出现鼻塞、流涕、喷嚏、咳嗽、头痛，恶寒，全身疼痛，纳可，寐差。舌质偏红、苔白腻微黄，脉滑。自服感冒药无效，遂来就诊。

中医诊断：感冒。

西医诊断：急性上呼吸道感染。

辨证：风寒犯表证。

治法：疏风解表。

方药：荆防败毒散加味。

荆芥 15g	防风 15g	柴胡 15g	百部 15g
白芷 15g	桔梗 15g	炒枳壳 15g	川芎 15g
羌活 15g	独活 15g	茯苓 15g	

煎服法：4剂，水煎煮，沸后15分钟左右取汁，1日1剂，1日3次，每次服150mL，饭后半小时温服。

二诊：4剂后，患者诸症自平。

按： 急性上呼吸道感染是常见的呼吸道疾病，大多数由病毒引起，少数为细菌所致。中医学认为急性上呼吸道感染是由于六淫邪毒侵犯人体而致病，以风、寒、热、毒邪为主因，往往与时邪相和而伤人。临床以风寒、风热两种证候最为多见。风寒感冒多于冬春季发病，为外受风寒之邪，卫表失和，肺气失于宣降所致。《寓意草》谓："人受外感之邪，必先汗以驱之。"故解表法是治疗本病的基本法则。陈绍宏常用方剂荆防败毒散出自《摄生众妙方》，方中荆芥、防风可发汗解表退热，羌活、独活发汗散寒，祛风除湿止痛。川芎为治疗头痛之首选药物，行气和血，祛风止痛，可加强羌活、独活宣痹止痛之效，以除头身肢体疼痛；桔梗、枳壳升降相宜，宣肺止咳祛痰，茯苓、甘草和中健脾，以除生痰之源，共同发挥发汗散寒，祛风祛湿，宣肺止咳的功效。本案患者有慢性鼻炎病史，因肺开窍于鼻，故受凉后出现鼻塞、流涕、喷嚏、咳嗽、头痛、恶寒等风寒犯表症状，以疏风散寒解表为其正治，加用白芷增强其祛风散寒止痛之功，百部加强止咳之力。服药后风寒去而卫表和，诸症自愈。

　　临床治疗外感风寒感冒，以祛风见长的时方荆防败毒散和以散寒见长的经方麻黄汤最为常用，其中麻黄汤解肌发表力雄效捷，偏于散寒解表退热，对于正邪交争之恶寒发热，寒入营分、营阴郁滞之身疼腰痛、骨节疼痛等疗效更好，但在临床实践中发现，其对解除鼻塞、流涕、咽痒、咳嗽等上呼吸道卡他症状疗效较弱；荆防败毒散有较强的疏风止咳、利咽止痒之功，能较好地解除上呼吸道卡他症状，且有败毒之功，《医宗金鉴》用之治疗疮疡，其散寒解表力量相对较弱。临床运用时，患者以"鼻塞、流涕、咽痒"等肺鼻不利导致的上呼吸道卡他症状为主的，方选荆防败毒散加减；以"恶寒、发热、无汗、头身疼痛、肌肉酸痛等"营阴郁滞、卫表不和症状为主的，选用麻黄汤加减；若两者均重，肺卫不利，常常两方合用，取其各自优势，见效甚捷。

（二）上气道咳嗽综合征

　　患者赵某，女，55岁，2014年11月8日就诊。

　　主诉：咳嗽半年。

　　初诊：患者咳嗽近半年，辗转服中西药无效。症见：呛咳，咳声不扬，痰呈白色泡沫，量少不易咳出，伴有恶寒、鼻塞等症。舌质淡红，苔薄白，脉细。

　　中医诊断：咳嗽。

　　西医诊断：上气道咳嗽综合征。

　　辨证：风寒束肺，肺气不宣证。

　　治法：宣肺平喘，化痰止咳。

　　方药：加味止嗽散。

紫菀 15g	百部 15g	细辛 5g	紫苏叶 15g
陈皮 10g	茯苓 15g	薄荷 15g	款冬花 15g
川芎 15g	荆芥 15g	防风 15g	白前 15g
桔梗 30g	生甘草 10g		

　　煎服法：3剂，水煎煮，加入生姜（如拇指大，切片）共煎，沸后10分钟左右取汁，1日1剂，1日3次，每次服150mL，饭后半小时温服。

　　二诊：患者咳嗽及其他症状明显减轻，效不更方，再服3剂，煎服法同上。

三诊：患者症状基本消失，继服3剂而愈。

按：咳嗽是指外感或内伤等因素，导致肺失宣肃，肺气上逆，冲击气道，发出咳声或伴咳痰为临床特征的一种病证，可见于多种疾病的临床表现。慢性咳嗽者，寒热征象不明显，若误投苦寒辛热，则其咳愈甚，不可不知也，而治疗此类咳嗽病因难寻寒、热，故投温润和平、不寒不热之品，治之最相宜。陈绍宏认为《医学心悟》止嗽散能通治一切咳嗽，全方性平和，温而不热不燥，润而不寒不腻，无明显寒热偏胜，新久咳嗽皆可应用。方中紫菀、百部为君，两药味苦，皆入肺经，其性温而不热，润而不寒，皆可止咳化痰，对于新久咳嗽都能使用。桔梗、白前味辛平，亦入肺经。桔梗味苦辛，善于开宣肺气，白前味辛甘，长于降气化痰，两者协同，一宣一降，以复肺气之宣降，增强君药止咳化痰之力，为臣药。荆芥辛而微温，疏风解表利咽，以除在表之余邪。陈皮理气化痰，均为佐药。甘草缓急和中，调和诸药，合桔梗、荆芥又有利咽止咳之功，是为佐使之用。综观全方，药虽七味，量极轻微，具有温而不燥，润而不腻，散寒不助热，解表不伤正的特点。正如《医学心悟》所云"本方温润和平，不寒不热，既无攻击过当之虞，大有启门驱贼之势。是以客邪易散，肺气安宁"，故对于临床咳嗽，加减运用得宜，都可获效。

陈绍宏在临床上使用时，若患者伴鼻塞、流涕、鼻后滴流感、合并鼻炎，则加苍耳子散宣通鼻窍；伴咽部滤泡增生，则加浙贝母、射干等活血药软坚散结；伴咽痛、咽部红肿、有热象者，可加牛蒡子、金沸草、桔梗等解毒利咽；伴自觉后背项颈冷感、感寒即咳者，乃邪入少阴，可加麻黄附子细辛汤温经散寒；若伴有痰不易咳出，则可合用瓜蒌薤白半夏汤宽胸豁痰；伴有气喘、气促，可合用三拗汤宣降肺气。

（三）慢性阻塞性肺疾病合并右下肺肺炎

患者李某，女，72岁，2013年12月8日入院。

主诉：反复咳嗽、咳痰7年，复发加重1周。

患者患慢性支气管炎、慢性阻塞性肺疾病7年。1周前受凉后疾病复发，逐日加重，咳嗽，咳痰，心累，气紧，动则尤甚，寒热往来，汗出热不退。现收入病房住院治疗，完善痰培养等相关检查，诊断为慢性阻塞性肺疾病急性加重合并右下肺绿脓杆菌肺炎，经头孢他啶抗感染、解痉平喘、祛痰、对症支持治疗 5 日，患者病情仍未好转。症见：寒热往来，高热不退，体温在 37 ～ 39℃之间波动，倦怠思睡，精神极差，复查胸片和血常规提示肺部炎症未得到有效控制。请陈绍宏查房，症见：咳嗽，咳痰，痰色黄绿，质脓稠，无力咳出，常需家人用棉签从口中裹出，心累气紧，动则尤甚。形神倦怠，嗜卧于床，形体消瘦，颜面萎黄无华，寒热往来，时有汗出，汗出热不减，口淡无味，口干不喜多饮，不思饮食，食后腹胀，大便难解，但质不干，小便少。舌质略红，苔白腻兼黄，脉细数无力。查体：体温 39.4℃，脉搏 125 次 / 分，呼吸 24 次 / 分，血压 115/60mmHg。神志清楚，对答切题，形体消瘦，高枕卧位，呼吸急促微弱。双瞳孔等大等圆，直径约 3mm，对光反射灵敏，球结膜无水肿。唇发绀，颈软，肝颈静脉回流征阴性。胸廓呈桶状，肋间隙增宽，双肺呼吸音低，右下肺可闻及大量粗湿啰音，心界叩诊不大，心率 125 次 / 分，律齐，肺动脉听诊区第二心音无亢进，$A_2>P_2$，腹软，无压痛，肝脾不大，双下肢无水肿。血常规：WBC $18.7×10^9$/L、N% 92%、L% 8%。胸部 X 线：双肺纹理增粗，紊乱，双肺透光度明显增加，右中下肺有大片渗出灶，心胸比 0.45，右下肺动脉段无增宽。痰培养：铜绿假单胞菌生长，头孢他啶中度敏感，其余耐药。

中医诊断：咳嗽。

西医诊断：慢性阻塞性肺疾病急性加重合并右下肺绿脓杆菌肺炎。

辨证：脾肺气虚，痰浊壅肺，郁而化热证。

治法：宣肺化痰，行气开郁，健脾益肺，托里排痰。

方药：三拗汤合瓜蒌薤白半夏汤合六君子汤合托里透脓散加减。

炙麻黄 15g	燀苦杏仁 15g	全瓜蒌 30g	薤白 15g
京半夏 15g	桔梗 30g	炒白术 12g	党参 12g
茯苓 15g	陈皮 15g	生黄芪 30g	当归 15g
甲珠粉 15g^(冲服)	皂角刺 15g	川芎 15g	生甘草 6g

西医治疗方案不变，加服上方，1 日 1 剂，分温 4 服，每次服 150mL，均分甲珠粉冲服。2 剂后，患者饮食稍增加，心累气紧稍有缓解，咳痰明显有力，自行咳出大量黄绿脓痰，体温逐渐下降，汗出减少，再服 2 剂后，饮食如常，心累气紧明显缓解，咳痰已易，痰色变浅，质稀，痰量较前两日明显减少，体温降至

正常，能自行下床活动，复诊继续使用原方不变，再服 10 剂。患者咳嗽、咳痰明显减轻，偶感心累，气紧，痰色透明，质稀易咳，复查胸片炎症已完全吸收，痰培养为正常菌群，痊愈出院。出院后嘱其长期服用参苓白术散以健脾益肺。

按：患者常年咳喘，有"喘病""肺胀"宿疾，又素来饮食少思，形体消瘦，为脾虚之体，一周前感受风寒而起病，风寒束肺，肺气不宣，气道不利，则咳嗽、咳痰、心累、气紧明显加重；脾肺气虚，则咳痰无力，难以咳出，久则郁而化热，痰热壅肺，故寒热往来、时有汗出，咳出黄绿色脓痰；脾肺气虚，故形神倦怠，嗜卧于床，形体消瘦，颜面萎黄无华，口淡无味，不思饮食；舌质略红为内有郁热；舌苔白腻，为脾虚不能运化水谷精微，水湿内停之证；脉细数无力乃正虚邪盛之候。故辨证为脾肺气虚，痰浊壅肺，郁而化热；治以宣肺化痰，行气开郁，健脾益肺，托里排脓。而陈绍宏为什么不用清热化痰药呢？因为慢性支气管炎、慢性阻塞性肺疾病、慢性肺源性心脏病属中医"喘病""肺胀"范畴。《诸病源候论·上气鸣息候》言："肺主于气，邪乘于肺则肺胀，胀则肺管不利，不利则气道涩，故气上喘逆，鸣息不通。"《症因脉治·喘证论》也说："肺胀之因，内有郁结，先伤肺气，外复感邪，肺气不得发泄，则肺胀作矣。"由此可知，肺气闭郁，痰浊阻肺是慢性支气管炎、慢性阻塞性肺疾病、慢性肺源性心脏病急性期的根本病机，故宣肺化痰，行气开郁为其基本治法，用三拗汤合瓜蒌薤白半夏汤为基本方。具体到该患者，虽有痰热壅肺之证，但究其原因，是脾肺气虚，无力咳痰，郁而化热引起，故不用清热化痰药，而参用外科治脓痈之法，用托里透脓散合六君子汤以培土生金、托里透脓，加桔梗增强其排痰之功，使痰去而热自化。如清热解毒药用量过多，损伤脾胃，患者正气更虚，更难以排痰。引流不畅，则再好的抗生素也难以控制肺部炎症，故选用三拗汤合瓜蒌薤白半夏汤合六君子汤合托里透脓散加味桔梗。

（四）急性化脓性扁桃体炎

1. 未成脓

曹某，女，25岁，2015年1月21日就诊。

主诉：咽喉肿痛2天。

初诊：患者诉2天前突发咽喉肿痛。就诊时症见：咽喉肿痛，不能饮食，小便黄赤，大便 2 日未解。舌质红，苔黄腻，脉数。查体：体温 39.2℃，双侧扁桃体Ⅲ度肿大，表面布满脓苔，口腔内有腥臭分泌物。血常规：WBC 14.1×10⁹/L，N% 92%。

中医诊断：急乳蛾。

西医诊断：急性化脓性扁桃体炎。

辨证：风热外袭，热毒壅盛证。

治法：疏风清解，透热外达。

方药：普济消毒饮合川芎茶调散加减。

金银花 30g	牛蒡子 15g	玄参 30g	桔梗 30g
生升麻 15g	柴胡 15g	马勃 15g	连翘 30g
炒僵蚕 15g	薄荷 15g	川芎 15g	赤芍 30g
荆芥 15g	防风 15g	羌活 15g	细辛 5g
白芷 15g	薏苡仁 30g	生甘草 10g	

煎服法：6 剂，水煎煮，沸后 10 分钟左右取汁，1 日 1 剂，少量频服。

3 剂后热退痛止，6 剂后脓散肿消而痊愈。

按：急性化脓性扁桃体炎属于中医"乳蛾""喉蛾"范畴，具有发病急、传变快等特点。张子和《儒门事亲》云："热气上行，结搏于喉之两旁，近外肿作，以其形似，是谓乳蛾。"《诸病源候论·喉咽肿痛候》曰："喉咽者，脾胃之候，气所上下。脾胃有热，热气上冲，则喉咽肿痛。夫生肿痛者，皆夹热则为之。若风毒结于喉间，其热盛则肿塞不通，而水浆不入，便能杀人。"由上可知，咽喉为肺胃所属，为肺胃之通道，肺胃蕴热，积热不散，复加外感风热邪毒，循经上炎，灼伤经络，致使气凝血滞，灼腐肌膜，化脓成痈。因此本病属于实热之证。根据中医学"热者寒之""实者泻之""火郁发之"等治疗原则，本病当治以疏风清热解毒、利咽排脓、消肿散结。《喉舌备要秘旨》指出："东垣有普济消毒饮，专治瘟毒喉痹，百发百中。"普济消毒饮出自《东垣试效方》，方中重用黄连、黄芩清泄上焦热毒为君药；牛蒡子、连翘、薄荷、僵蚕疏散上焦风热为臣药；玄参、马勃、板蓝根、桔梗、甘草清利咽喉，并增强清热解毒作用，陈皮理气而疏通壅滞，使气血流通而有利于肿毒消散，共为佐药；升麻、柴胡升阳散火，疏散风热，使郁热疫毒之邪宣散透发，并协助诸药上达头面，共为使药。诸药合用，使疫毒得以清解，风热得以疏散。原方用治风热疫毒上攻所患大头瘟（急性腮腺炎），临床中也多用于治疗急性扁桃体炎、颌下腺炎、头面部蜂窝组织炎等。陈绍宏在临床中治疗急乳蛾，除用普济消毒饮外，在其发病初期，表证尚存时，还可合用川芎茶调散。

2. 已成脓

谢某，男，29岁，2017年6月21日就诊。

主诉：咽喉肿痛3天，加重伴发热恶寒2天。

初诊：患者3天前淋雨后出现咽干、咽喉肿痛，患者未予重视，仅在家多饮温开水及休息。2天前，患者咽喉肿痛加重，吞咽时尤甚，伴恶寒发热（未测体温），无鼻塞流涕，无咳嗽咳痰，自行购买"感冒灵颗粒"口服1天后上述症状未见改善，遂来就诊。症见：咽喉肿痛，不能饮食，痛甚连左耳，发热面赤，口渴喜饮，尿黄便结。舌质红，苔黄腻，脉滑数。查体：体温39.0℃，双侧扁桃体Ⅲ度肿大、充血，表面布满黄色脓点，左侧颌下淋巴结肿大、轻压痛，双肺未闻及干湿性啰音。血常规+C反应蛋白：WBC 17.3×10^9/L，N 16.2×10^9/L，N% 93.6%，CRP 64mg/L。

中医诊断：急乳蛾。

西医诊断：急性化脓性扁桃体炎。

辨证：热毒攻喉证。

治法：清热解毒，凉血消肿，托毒排脓。

方药：普济消毒饮合仙方活命饮合透脓散加减。

金银花30g	连翘30g	黄芩15g	陈皮15g
玄参30g	桔梗30g	生甘草15g	板蓝根30g
马勃15g	薄荷15g	牛蒡子15g	炒僵蚕15g
柴胡15g	生升麻15g	薏苡仁30g	天花粉30g
赤芍30g	皂角刺15g	甲珠粉15g^{（冲服）}	浙贝母15g

煎服法：5剂，水煎煮，沸后15分钟左右取汁，1日1剂，1日3次，每次150mL。每次药汁顿服甲珠粉5g。

1剂后患者未再发热，2剂后疼痛明显减轻，5剂后痊愈。

按：乳蛾发病急，传变迅速，起病后很快发展至极期，呈一派"热毒燔胜"

之象（咽喉红肿灼痛，或壮热凛寒、烦躁口渴等），此时宜合用仙方活命饮，前人称此方为"疮疡之圣药，外科之首方"，适用于阳证而体实的各类疮疡肿毒。若用之得当，则"脓未成者即消，已成者即溃"。普济消毒饮以清热解毒，疏风散邪为主，佐以升阳散火，发散郁热；仙方活命饮则于清热解毒中伍以行气活血，散结消肿之品，两方合用，功专清热解毒、利咽排脓、消肿散结；透脓散软坚散结、清热解毒，功专托毒排脓，使毒随脓泄，腐去新生。诸方合用，方药对症，疗效俱佳。

（五）慢性阻塞性肺疾病、慢性肺源性心脏病

1. 痰浊蕴肺，肺气闭郁证

患者吕某，男，61 岁，2016 年 12 月 15 日就诊。

主诉：反复咳嗽咳痰 8 年多，喘息心累 3 年多，复发加重 1 天。

初诊：患者患慢性阻塞性肺疾病 8 年。8 年多前，患者受凉后出现咳嗽，咳白色泡沫痰，量少，于当地社区门诊治疗后稍缓解；其后咳嗽咳痰反复发作。3 年前出现喘息、气促、心累，动辄加重，双下肢未见明显水肿，于外院治疗后缓解。1 天前患者受凉后上述症状加重，遂来就诊。症见：神志清楚，精神差，面色晦暗，咳嗽、咳痰，痰色白质稠，量多易咳，伴喘息气促，胸闷心累，张口抬肩，倚息不能平卧，偶感心慌，口腻，脘腹胀满。舌质淡，苔白腻，脉弦滑。

中医诊断：喘病。

西医诊断：慢性阻塞性肺疾病急性加重期。

辨证：痰浊蕴肺，肺气郁闭证。

治法：宣肺平喘，化痰止咳。

方药：三拗汤合瓜蒌薤白半夏汤合桔梗汤加味。

| 炙麻黄 15g | 燀苦杏仁 15g | 全瓜蒌 30g | 薤白 15g |
| 法半夏 15g | 桔梗 30g | 生甘草 10g | 茯苓 15g |

煎服法：3 剂，水煎煮，沸后 15 分钟左右取汁，1 日 1 剂，1 日 3 次，每次服 100mL，饭后半小时温服。

二诊：患者喘息气促、胸闷心累症状好转，咳嗽缓解，痰较前明显减少。舌质淡，苔白微腻，脉弦滑。效不更方，继续服用原方 4 剂后患者上述症状明显

好转。

按：陈绍宏认为，对于喘病患者，只要保证痰液引流通畅，患者胸闷气紧、咳嗽咳痰等症状就能逐渐改善；并指出其基本病理变化总与"痰""气"相关，即痰浊蕴肺，肺气闭郁；治以宣肺平喘，化痰止咳为基本，故选三拗汤、瓜蒌薤白半夏汤、桔梗汤合方化裁。据此选用麻黄汤演变而来的三拗汤，祛除外邪、开宣肺气，则喘病可消；选用瓜蒌薤白半夏汤，温通胸阳、祛痰化瘀，使心肺同清；痰液需引流出去，则辨病使用桔梗汤，特别是重用桔梗，常用至30g以引痰上行、以利排痰。三方合用，宣中有降，散中有收，温中有泄，温而不燥，共奏宣肺平喘，化痰止咳之功。终使肺气得宣，痰浊自排，此即朱丹溪"善治痰者，不治痰而先治气，气顺则一身之津液亦随之而顺"之意。

本病病变在肺，日久累及脾、肾与心，治疗上重在治肺而不在治心，治肺以宣肺为要，慎用收敛之品。肺主气司呼吸，朝百脉而主治节，津液的输布均依赖于肺的宣发肃降。在本病急性期，因痰浊阻肺，肺气不宣而致诸症丛生。因此治疗当以宣肺化痰为要，宣肺化痰以祛邪，若见咳止咳，滥用敛肺之品，则会闭门留寇以致邪恋不去。

2. 痰浊蕴肺，肺脾两虚证

患者罗某，女，58岁，2013年12月20日入院。

主诉：反复咳嗽、咳痰10年多，复发加重6天。

患者患慢性阻塞性肺疾病5年，入院症见：神志清楚，精神差，倦怠乏力，咳嗽，咳黄色黏痰，痰不易咳出，胸闷、气促，口唇发绀，不思饮食，口淡无味，腹胀，虚坐努责，寐而易醒，小便频数。舌质淡，苔白腻，脉沉。查体：桶状胸，听诊双肺呼吸音粗，双肺散在湿啰音，心率110次/分，律齐，$P_2 > A_2$，各瓣膜听诊区未闻及病理性杂音。腹部膨隆，肠鸣音6次/分，余阴性。辅助检查：血常规：WBC 16.28×10^9/L，N% 88.3%；生化：白蛋白ALB 30.6g/L，丙氨酸氨基转移酶ALT 314IU/L，门冬氨酸氨基转移酶AST 344IU/L；动脉血气分析：pH 7.33，PCO_2 75.8mmHg，PO_2 33mmHg，SO_2 79%；心电图：窦性心动过速，电轴右偏；心脏彩超提示重度肺动脉高压；胸部CT：①慢支炎、肺气肿、双下肺及左肺上叶下舌段支气管扩张伴双肺感染；②心脏长大，以右心为主，肺动脉增粗，提示肺动脉高压。

中医诊断：喘病。

西医诊断：慢性阻塞性肺疾病急性加重期。慢性肺源性心脏病失代偿期 Ⅱ型呼吸衰竭。

辨证：痰浊蕴肺，肺脾两虚证。

治法：宣肺化痰，健脾益肺。

方药：三拗汤合瓜蒌薤白半夏汤合桔梗汤合香砂六君子汤加减。

炙麻黄 15g	燀苦杏仁 15g	瓜蒌皮 15g	薤白 15g
法半夏 15g	桔梗 30g	木香 15g	砂仁 15g
陈皮 15g	党参 30g	炒白术 30g	茯苓 15g
生甘草 15g			

煎服法：3 剂，水煎煮，沸后 15 分钟左右取汁，1 日 1 剂，1 日 3 次，每次服 150mL，饭后半小时温服。

西药予抗生素抗感染治疗，3 剂后患者饮食量增，口知五味，腹胀稍缓解，咳痰通畅，无胸闷。复查动脉血气分析：pH 7.36，PCO_2 66mmHg，PO_2 46.5mmHg，SO_2 88%；继服 6 剂后患者饮食正常，咳嗽、咳痰频次减少，二便基本正常，复查动脉血气分析：pH 7.37，PCO_2 46.5mmHg，PO_2 76.5mmHg，SO_2 95%；再服 5 剂后患者偶有咳嗽，咳少许泡沫痰，痰易咳，复查胸部 CT 提示感染灶明显吸收，患者病情好转出院。

按：喘病中期往往肺病及脾，子盗母气，脾失健运，致肺脾两虚。临床上患者往往在"痰浊蕴肺，肺气闭郁"的基础上兼夹"肺脾两虚"的表现：气短难续、乏力、语声低微或声音嘶哑、面色萎黄、不思饮食、食入即满，大便稀溏或虚坐努责，舌淡，脉细弱；治以宣肺平喘，化痰止咳，健脾益肺。即在我科协定处方：肺心病 1 号方（即三拗汤、瓜蒌薤白半夏汤、桔梗汤三方合方）宣肺平喘，化痰止咳基础上合香砂六君子汤健脾益肺，组成了我科协定处方：肺心病 2 号方。其作用：首先，从五行相生关系，脾属土，肺属金，脾为肺之母，肺为脾之子，培土生金，即"虚则补其母"；其次，脾失健运，津液代谢障碍，水液停滞，聚而生痰成饮，影响肺的宣发肃降，此即"脾为生痰之源，肺为贮痰之器"，补脾益肺，中气健运，气顺痰除，诸症自愈；最后，"脾胃为后天之本"，得一分胃气则留一分生机。从现代药理学角度来讲，即增强患者免疫力，间接提高患者抗感染能力。

陈绍宏治疗慢性阻塞性肺疾病、慢性肺源性心脏病，强调祛痰为治疗关键，若痰浊得清，则肺道通畅，邪去而咳喘自平。"痰为阴邪，非温不化"，故临床反对辛凉、清热解毒、泻肺之品。鉴于目前有些医生一味从西医感染的角度考虑而用苦寒解毒之品，陈绍宏强调慢性阻塞性肺疾病、慢性肺源性心脏病急性期系痰浊蕴肺，而非痰热，即便有黄色脓稠痰，也是肺气郁闭不宣，痰浊郁而化热所致，苦寒可使肺气闭郁，加重病情。此外，若温化无力，痰饮郁久也可化热。故清热解毒之品只是抓住现象，而不是疾病的本质，只要肺脏宣发功能复常，痰液有所出路，黄痰自可好转，故宣肺、化痰才是正法。此即治病求本的思想。

3. 痰浊蕴肺，阳虚水泛证

患者陈某，女，74岁，2013年7月12日就诊。

主诉：反复咳喘26年，下肢水肿2年，复发加重1周。

初诊：患者26年前开始咳喘，后逐年加重，秋冬为甚，每年咳喘3个月以上，多次住院治疗，2005年于我院住院，完善相关检查确诊为慢性阻塞性肺疾病、慢性肺源性心脏病。2年前，患者出现双下肢水肿，于当地医院治疗后好转。1周前，患者受凉后咳喘复发加重，不能平卧，双下肢对称性水肿。就诊时症见：咳嗽，咳痰，痰色白质稠，难以咳出，畏寒肢冷，声低气怯，胸闷、短气难续，不能平卧，动则尤甚，口淡无味，不渴，不思饮食，小便短少，大便两日未解。双下肢膝以下水肿，按之如泥。舌淡胖，苔白厚腻，脉沉细而数。

中医诊断：喘病。

西医诊断：慢性阻塞性肺疾病急性加重期。慢性肺源性心脏病，慢性心功能不全，心功能Ⅳ级。

辨证：痰浊蕴肺，阳虚水泛证。

治法：宣肺化痰，温阳利水。

方药：三拗汤合瓜蒌薤白半夏汤合桔梗汤合苓桂术甘汤加减。

炙麻黄15g	燀苦杏仁15g	全瓜蒌30g	薤白15g
法半夏15g	桔梗30g	茯苓30g	炒白术30g
桂枝15g	泽泻20g	生甘草10g	

煎服法：3剂，水煎煮，沸后15分钟左右取汁，1日1剂，1日3次，每次

服 150mL，饭后半小时温服。

二诊：结合西医抗感染、解痉平喘、维持水电解质平衡等对症支持治疗，连服上方 3 剂。患者咳喘明显减轻，双下肢水肿已退，痰易咳出。当时突出表现为口淡无味，不思饮食，食后反饱作胀。原方去苓桂术甘汤，加用香砂六君子汤（木香 15g、砂仁 15g、党参 30g、炒白术 30g、茯苓 15g、陈皮 15g），6 剂，煎服法同上。

三诊：患者咳喘缓解，水肿消退，饮食如前，病情平稳。

按：《脉因症治》记载："肺病日久，必及于心，肺病血瘀，必损心气。"《明医杂著》载："若肺受邪而上喘，则失降下之令，故小便渐短，以致水溢皮肤而生胀满焉。"本病迁延日久，肺气闭郁，脾肾气阳虚，肺气闭郁不得宣发肃降，脾虚不能运化水湿，肾虚不能化气行水，三焦水道通调失司，饮溢肌肤，则为水肿。心阳根于命门真火，如肾阳不振，可致阳虚水泛，甚至心肾阳衰，出现喘脱等危候。

临床上若兼有面色晦暗，形寒肢冷，心慌心悸，咳而上气，动则喘甚，不能平卧，水肿以下肢为甚，小便短少，舌淡胖或紫暗，苔白滑，脉沉细或结代等阳虚水泛证者，陈绍宏往往在 1 号方基础上合五苓散去猪苓（茯苓、桂枝、白术、泽泻）以温阳利水，方药中包含了苓桂术甘汤，此亦宗张仲景"病痰饮者，当以温药和之"之意。

苓桂术甘汤源于《金匮要略·痰饮咳嗽病脉证并治》，书中载"心下有痰饮，胸胁支满，目眩，苓桂术甘汤主之"，其为治疗痰饮病的主要方剂。而五苓散出自《伤寒论》，主治太阳表邪未解，内传太阳之腑，以致膀胱气化不利，太阳经腑同病之蓄水证。此处用于利水渗湿，温阳化气。本案患者在痰浊蕴肺，肺气闭阻的基础上合并阳虚水泛证，出现水液停聚，小便不利，双下肢水肿，故应兼以治之。在宣肺化痰的基础上，同时合苓桂术甘汤温化痰饮，以达在上宣肺而通调水道，在下则温阳利水，使膀胱气化得行而小便出焉之目的。

（六）支气管扩张症

1. 肝火犯肺证

患者曹某，女，30 岁，2013 年 11 月 23 日入院。

主诉：反复咯血 3 年，复发 6 小时。

患者近 3 年来因反复咯血曾多次到四川省人民医院住院治疗，经检查确诊为支气管扩张症，使用垂体后叶素、卡巴克洛等药物治疗后咯血能迅速控制。然而，患者此次有 3 个月妊娠在身（患者夫妻二人均系独生子女，结婚多年来一直希望能怀孕生子，但因其患支气管扩张症咯血反复发作未能如愿，此次顺利怀孕，但现在旧病复发），上述止血药物不能使用，故来我院以求中医治疗。症见：咯血不止，血色鲜红，每次咯血量在 80～100mL，到入院时咯血量已达 400～500mL，患者时而烦躁不安，时而沉默不语，面色潮红，口干口苦，胸胁胀满，时有疼痛。舌红苔黄，脉弦数。

中医诊断：血证（咯血）。

西医诊断：支气管扩张症。

辨证：肝火犯肺证。

治法：清肝泻火，宁肺止血。

方药：龙胆泻肝汤合咯血方加减。

黄芩 15g	生地黄 15g	柴胡 15g	泽泻 15g
木通 10g	焦栀子 15g	龙胆草 15g	车前草 30g
当归 15g	生甘草 10g	海浮石 20g	全瓜蒌 30g
诃子 10g	青黛 30g（包煎）		

煎服法：水煎煮，沸后 20 分钟左右取汁，1 日 4 次，每次服 150mL，饭后半小时温服。

咯血期该方 1 日 2 剂口服。当第一剂中药服完后，患者咯血次数、咯血量明显减少，第一天 2 剂中药全部服完后，咯血症状基本消失，后改为 1 日 1 剂，前方继服 5 天，病情稳定，咯血症状未再反复，1 周后痊愈出院。

按：支气管扩张症是指近端中等大小的支气管由于管壁肌肉和弹性成分破坏导致其异常扩张，扩张处通常伴有慢性感染，是临床中常见的慢性肺部疾病之一。其主要临床表现为慢性咳嗽，咳吐大量脓稠痰和（或）反复咯血。其中部分患者以反复咯血为唯一症状，临床上称为干性支气管扩张。支气管扩张症出现大咯血时，常由于血液流入呼吸道引起窒息，从而威胁生命成为临床急症。西医常以卡巴克洛、垂体后叶素等药物治疗。本案患者除咯血量大外，还有 3 个月的妊娠在身，若使用上述止血药则会对妊娠造成严重的不良影响，故患者弃西从中，坚决要求中医治疗。

《素问·至真要大论》曰："少阳司天，火淫所胜。则温气流行，金政不平，民病……咳唾则有血"。《丹溪心法·咳血》云："咳血者，嗽出痰内有血者是也。"支气管扩张症咯血据其症状在中医中多属"血证（咯血）"范畴。在病因病机方面，《景岳全书·血证》记载："凡治血证，须知其要。而血动之由，惟火惟气耳。故察火者，但察其有火无火；察气者，但察其气虚气实，知此四者，而得其所以，则治血之法无余义矣。"肺热伤络或肝火上炎，灼伤肺络导致咯血；《血证论》曰"或外感失血……或由胃中积热……或由肝之怒火上逆而咳，此失血之实证；或由阴虚火旺……或夹脾经忧郁、心经虚火……或肾经阴虚，阳气不附，上越而咳，此失血之虚证"，其中肝火犯肺证占大多数。肝主情志，"七情之病，必由肝起"，说明情志内伤之病多与肝脏相关。七情内伤，致肝气失于疏泄，气机不得伸展，肝郁气滞，郁而化火，耗伤肺阴，右降不及，形成肝火犯肺证；或郁怒伤肝，阳气升动太过，气火上炎，肝气横逆，肝旺侮肺，肺气上逆形成肝火犯肺证。如何梦瑶说："气不足郁而成火，大怒见肝火。"

陈绍宏认为肝气升发太过或肺气肃降不及，易出现"肝火犯肺""木火刑金"，表现为咯血、烦躁等症。根据五行相克原理，治宜清肝泻肺。本案患者长期受该病困扰未能怀孕生子，心中郁闷烦恼可想而知，结合患者入院时的面色潮红，口干口苦，胸胁胀满、时有疼痛，舌红苔黄，脉弦数等症，中医辨证为肝火犯肺、木火刑金终致肺络受损，故治以清肝泻火，宁肺止血之法，选用龙胆泻肝汤清泻肝火，咯血方宁肺止血，使肝火得消，肝升肺降，气机调畅，诸症消失。由于患者病情较重，中药须一日二剂，否则病重药轻而效差，但需中病即止。

2. 阴虚肺燥证

患者高某，女，50岁，2013年12月23日就诊。

主诉：反复咯血15年，复发3天。

初诊：患者反复咯血15年，于外院支气管扩张症诊断明确，我院间断住院治疗，咯血常常反复发作。本次咯血复发后来我院就诊。症见：咳嗽气喘，干咳少痰，痰中带血，咽喉干痛，头晕目眩，午后潮热。舌红少苔，脉细数。

中医诊断：血证（咯血）。

西医诊断：支气管扩张症。

辨证：阴虚肺燥证。

治法：养阴清肺润燥。

方药：百合固金汤加味。

百合 30g	熟地黄 30g	生地黄 30g	当归 15g
白芍 30g	桔梗 15g	浙贝母 15g	麦冬 15g
玄参 15g	仙鹤草 30g	侧柏叶 30g	白茅根 30g
白及 30g	炙甘草 10g		

煎服法：2剂，水煎煮，沸后15分钟左右取汁，1日1剂，1日3次，每次服150mL，饭后半小时温服。

二诊：咯血量减少，咳喘、咽痛减轻，嘱其继续服用上方9剂，煎服法同上。

三诊：患者未再咯血，诸症自平。随访半年未复发。

按：百合固金汤出自《医方集解》，为治疗肺肾阴亏咳嗽的常用方。方中百合、生地黄、熟地黄滋养肺肾阴液，并为君药；麦冬助百合以养肺阴，清肺热，玄参助生熟地黄以益肾阴，降虚火，共为臣药；当归、芍药养血和营，贝母、桔梗化痰止咳为佐；甘草调和诸药为使。诸药相伍，使肺肾得养，阴液充足，虚火自清，咯血得止。肺在五行中属金，肺金不固则变生诸症。本方服之可使肺金宁而肺气固，诸症自能随之而愈，故名"百合固金汤"，亦有言"固金"为"固若金汤"之意，喻服本方，可使肺气健固，犹若金城汤池一般。陈绍宏在临证时，常用仙鹤草、侧柏叶、白茅根、白及加强止血之力；若阴虚潮热加地骨皮、银柴胡；气虚或盗汗加浮小麦、生黄芪、麻黄根；纳差加炒麦芽、焦山楂、建曲；心烦阳亢加远志、酸枣仁、黄连、莲米心；气阴两虚者合生脉散等，临床应用，加减得法，每多获效。

（七）特发性肺纤维化

患者鄢某，男，53岁，2013年1月12日就诊。

主诉：气短1年。

初诊：患者既往长期吸烟及接触粉尘史。症见：气短，伴咳嗽，干咳为主，偶有痰，痰黏难咳，口唇稍绀，晨起后上症较显，体倦乏力，多自汗出，夜间多梦。舌质紫暗，苔白腻，脉濡缓。辅助检查：胸部 CT 提示双肺弥散性间质纤维化改变。肺功能：$FEV_1\%$ 45.6%，$DLCO\%$ 39.2%。近期服用泛福舒，上述症状无明显缓解。

中医诊断：肺痹。

西医诊断：特发性肺纤维化。

辨证：气虚血瘀证。

治法：益气活血，豁痰宽胸。

方药：益气活血散合瓜蒌薤白半夏汤加减。

生晒参 30g	丹参 30g	三七粉 15g（冲服）	地龙 15g
瓜蒌皮 15g	薤白 15g	法半夏 15g	桔梗 20g
茯苓 15g	炒白术 30g	薏苡仁 30g	三棱 15g
炙黄芪 30g	巴戟天 15g	黄精 30g	

煎服法：7 剂，水煎煮，沸后 15 分钟左右取汁，1 日 1 剂，1 日 3 次，每次服 150mL，饭后半小时温服，每次药汁冲服三七粉 5g。忌生冷硬辣食物。

二诊：患者气短、体倦乏力稍缓解，仍咳嗽，咳痰不爽，予上方去巴戟天、炙黄芪、黄精，加用金礞石 10g、胆南星 10g。14 剂，煎服法同上。

三诊：2 周后复诊，患者咳嗽、咳痰、气短较前明显缓解，查肝功能：丙氨酸氨基转移酶 ALT 69IU/L，门冬氨酸氨基转移酶 AST 52IU/L，考虑金礞石、胆南星所致肝功能损害，予以停用金礞石、胆南星。效不更方，2 日 1 剂，煎服法同上。

四诊：4 周后复诊，患者诉主症较前明显缓解，继服上方 3 个多月，患者诉生活可自理，复查肺功能：$FEV_1\%$ 50.2%，$DLCO\%$ 43.8%。

按： 特发性肺纤维化发病后持续恶化、预后较差。西医治疗措施主要为抗纤维化及肺移植治疗。中医多将其归于"肺痿""咳嗽""喘病"范畴，在长期的临床实践中，陈绍宏发现从"肺痿""咳嗽""喘证"论治本病临床疗效不佳，故从肺痹着手。陈绍宏认为老年人为多虚多瘀之体，故辨证为气虚血瘀证，病机从本虚标实求之，肺脾肾气虚为本虚，痰浊、瘀血为标实，正虚与实邪相互影响，互为因果，形成因虚致实、因实致虚、虚者更虚、实者更实的病理特点。因本病多由于各种原因导致肺气为痰浊、水湿、瘀血等困阻，宣降失调，故治疗应尽快恢复其正常宣肃功能为要，切忌妄投收涩之品加重肺气闭郁。治以宣肺平喘、软坚散结、豁痰宽胸，药用瓜蒌、薤白、半夏、桔梗之类。《金匮要略·血痹虚劳病脉证并治》云"五劳虚极羸瘦……内有干血，肌肤甲错，两目暗黑"，即各种原因所致虚极，均可影响血行而致瘀血枯症，特发性肺纤维化亦是如此。痰瘀痹阻，气失宣畅，肺痹之候进一步加重。因此，加用丹参、地龙、三七粉、生晒参、炒白术之益气活血药。临床诊疗中，陈绍宏将肺部炎症、肺泡持续性损伤及细胞外基质的反复破坏、修复、重建和过度沉积等，诸多额外的异于正常肺组织的物质，视为"癥瘕"实邪，故纤维化病灶相当于中医之肺脏的"微小癥瘕"，其组成要素以痰浊瘀血交结之实邪为主，故临证以祛邪—豁痰逐瘀为先。

　　总之，对于特发性肺纤维化，陈绍宏强调其病机重点在于气，治疗上强调祛除痰浊、瘀血，恢复肺脏宣发肃降功能，调畅脏腑气机，并补益脏腑之气，尤其是肺脾肾之气，补正、祛邪并用，方能虚实兼顾。

（八）十二指肠溃疡

　　患者肖某，男，54岁，2013年5月15日就诊。

　　主诉：胃脘痛5年，复发加重2周。

　　初诊：患者5年前因饮酒、熬夜后出现胃脘部隐痛，饥饿、夜间痛甚，隐隐作痛，时作时止，食则痛减，得热痛减，喜温喜按。上述症状逐年加重，未予正规治疗。2周前，患者因食冷饮而致胃脘绞痛，阵发性加剧，痛剧难忍，于外院住院治疗，行胃镜检查示：十二指肠降段溃疡，大小约1.5cm×1.5cm，深约1cm，予西咪替丁、奥美拉唑静脉滴注10天未见缓解，痛剧时需用哌替啶止痛，胃肠外科建议手术，患者拒绝手术，遂来我院求治于中医。症见：形体消瘦，面色黧黑晦暗，畏寒肢冷，四肢不温，口淡无味，不思饮食，喜食热饮，胃脘绞痛，饮冷而发，痛剧难忍，时作时止，入夜尤甚，得热则减。舌质淡，苔白，脉沉紧。

　　中医诊断：胃痛。

　　西医诊断：十二指肠溃疡。

　　辨证：脾胃虚寒，寒凝气滞证。

　　治法：温中健脾，理气散寒。

方药：丁萸理中汤加减。

党参30g	炒白术30g	干姜15g	炙甘草10g
公丁香3g	吴茱萸10g	荜茇10g	荜澄茄10g

煎服法：7剂，水煎煮，沸后15分钟左右取汁，1日1剂，1日3次，每次服100mL，饭后半小时温服。忌生冷硬辣食物。

二诊：胃脘部疼痛减轻，四肢不温好转，停用镇痛药，连服30剂，1日1剂，1个月后胃镜复查提示十二指肠降段溃疡已愈，后继续服用香砂六君子丸（中成药）半年，未再复发。

按：中医古籍并没有对十二指肠溃疡的确切记载，但根据其临床症状及体征，将其归属于中医"胃痛"的范畴，其病位在胃，与肝脾关系密切，常因饮食、情志、外邪等诱发，以饮食失节，寒温不适，脾阳不运，加之日久劳损，耗伤元气，滋生阴火，虚火灼络，血败肉腐而致病。脾胃为后天之本，脾主运化，脾主升清，胃主受纳，在体合肌肉，主四肢，脾胃虚寒，则不能运化水谷之精，肌肉失养，故形体消瘦，脾失健运，清阳不升，布散乏力，阳气不能达于四末，则畏寒肢冷、四末不温。本案中患者素有内寒之质，加之饮冷致外寒直中，更损脾阳，两寒相合，寒为阴邪，寒性凝滞，寒性收引，致气血凝滞，筋脉拘急而猝然绞痛，痛剧难忍，夜间阳气衰，阴气盛而痛剧，得食则产热，按则气运，温则气散，故喜食热饮，食则痛减，痛时喜温喜按。再合舌脉，舌淡苔白无热，脉沉主里，紧主寒，乃是脾胃虚寒，外寒直中，寒凝气滞之证。患者面色黧黑，脉沉紧，表现以实寒证为主，无面色萎黄、脉细弱等脾胃虚弱之象，故以温中健脾散寒之理中汤为基本方，《伤寒论》曰"霍乱，头痛，发热，身疼痛，热多欲饮水者，五苓散主之。寒多不用水者，理中丸主之"，加公丁香、吴茱萸辛热之品以理气散寒止痛，即丁萸理中汤，仍恐理气散寒之力不够，再加荜茇、荜澄茄辛热温中散寒之品，1个月而病愈。十二指肠溃疡以脾胃虚弱为病机本质，脾胃阳气不升，营气不从，逆于肉里，化而为痛，常选理中汤，加味丁香温中降逆、补肾助阳，其水煎液具有健胃、促胆汁分泌、抑制腹泻、镇痛、抗凝血等多种药理活性；吴茱萸散寒止痛、降逆止呕、助阳止泻，具有抗肿瘤、保护心脏、减肥、抗炎、镇痛等作用，合方共奏温中健脾，理气散寒之功。

（九）腹泻

患者张某，男，82岁，2013年7月28日就诊。

主诉：腹泻2个月。

初诊：患者2个月前无明显诱因出现腹泻，解水样便，1日4～5次，无恶寒发热，无恶心呕吐，于院外自行服药治疗后未见好转（具体用药不详），今为求进一步治疗就诊于我院。症见：神志清楚，精神差，形体消瘦，面色萎黄，全身乏力，肠鸣时作，不思饮食，大便稀溏，或清水样，1日4～8行。舌质淡，苔白厚腻，脉虚缓。

中医诊断：泄泻。

西医诊断：腹泻待诊。

辨证：脾虚湿盛证。

治法：益气健脾，燥湿止泻。

方药：参苓白术散合楂曲平胃散加减。

红参30g	茯苓20g	山药20g	炒白术20g
炒白扁豆20g	桔梗15g	砂仁15g	薏苡仁30g
莲子15g	陈皮15g	焦山楂30g	建曲20g
苍术15g	姜厚朴10g	炙甘草10g	

煎服法：4剂，水煎煮，沸后20分钟左右取汁，1日1剂，1日3次，每次服100mL，饭后半小时温服。忌生冷硬辣食物。

二诊：患者精神、食欲食量改善，面色萎黄，大便次数减少，1日2～4行，仍不成形，无水样便。舌质淡，苔白厚腻，脉虚缓。效不更方，5剂，煎服法同上。

三诊：大便1日1次，基本成形，继以参苓白术散10剂（煎服法同上）服用以巩固疗效。

按：泄泻乃临床常见病证，以粪便次数增多和粪便有质与量的改变为特点。其病因较多，感受外邪、饮食所伤、情志失调、病后体虚、禀赋不足是主要病因；其病机复杂多变，肠为泄泻的病位之所在，脾为其主病之脏，与肝、肾密切相关；脾脏者，乃为后天之本，气血生化之源。脾居中焦与胃相合，主运化水谷、运化水湿、输布精微，维持机体正常的消化吸收功能。脾气上升，所化水谷精微上归于肺；洒陈五脏，所化糟粕下归大肠，而为大便。故脾胃为一身气机升降的枢纽，人体的饮食代谢，主要依赖于脾胃的升清降浊。正如《素问·经脉别论》所说"饮入于胃，游溢精气，上输于脾，脾气散精，上归于肺，通调水道，下输膀胱，水精四布，五经并行"，若脾气虚弱，脾失健运，水湿不化，湿邪阻滞于肠道，肠道传导失司，故泄泻。《素问·阴阳应象大论》有"湿胜则濡泄"之说。《景岳全书·泄泻》中云"脾虚者，虚则腹满，肠鸣飧泄，食不化""泄泻之本，无不由于脾胃。盖胃为水谷之海，而脾主运化，使脾健胃和，则水谷腐熟，而化气化血以行营卫。若饮食不节，起居不时，以致脾胃受伤，则水反为湿，谷反为滞，精华之气不能输化，乃至合污下降，而泻痢作矣"。因此，泄泻总与湿有关，关键在脾。脾病湿盛是其基本病机。迁延日久，泄泻由实转虚，脾病及肾，虚实之间相互转化、夹杂，患者久泻不止。中医治疗以去除病因、缓解及消除泄泻症状为治疗目标，以祛邪扶正为基本治则，以运脾化湿为基本治法。

患者久泻不止，辨证当为脾虚湿盛证，虚则补之，故当健脾以化湿。方用参苓白术散，参苓白术散出自《太平惠民和剂局方》，是治疗脾虚湿盛之腹胀便溏、食少倦怠的基础方。方中以人参、白术、茯苓、甘草（即四君子汤）平补脾胃之气，为主药。以白扁豆、薏苡仁、山药之甘淡，莲子之甘涩，助白术既可健脾，又可渗湿而止泻，为辅药。以砂仁芳香醒脾，促中州运化，通上下气机，吐泻可止，为佐药。桔梗为太阴肺经的引经药，如舟车载药上行，达上焦以益肺气，为培土生金之法。诸药合用，共奏益气健脾，渗湿止泻之功。湿因脾胃又当运脾以化湿，方用平胃散，方中苍术苦辛温燥，最善燥湿健脾，故重用为君。厚朴苦温芳香，行气散满，助苍术除湿运脾，是为臣。陈皮理气化滞，合厚朴以复脾胃之升降；共奏燥湿运脾，行气和胃之功。脾胃相表里，脾虚则胃主受纳、腐熟功能易受影响，故加用焦山楂、建曲。本方药如此健脾与运脾之法合用，体现出"健脾贵运"的思想，使脾气健运，湿邪得去，则诸症自除。

（十）急性上消化道出血

患者杨某，男，67岁，1993年8月29日入院。

主诉：便血2天，呕血伴大汗淋漓4小时。

初诊：2天前无明显诱因出现黑便，未予重视。半天前，患者起床时出现头晕、乏力、全身出冷汗。4小时前开始反复出现呕血，血色黑，兼夹胃内容物，总量约1000mL，伴大汗淋漓，家属为求进一步诊治，遂将患者送来我科。入院症见：神志淡漠，形体消瘦，面色萎黄，乏力，少气懒言，冷汗淋漓，呕吐暗红色胃内容物，心慌胸闷，肠鸣，小便未解。舌质淡，苔薄白，脉细数。入院体温35.9℃，脉搏134次/分，血压85/53mmHg。辅助检查：血常规：血红蛋白61g/L。

中医诊断：血证（呕血）。

西医诊断：急性上消化道出血，失血性休克。

辨证：气随血脱证。

治法：益气摄血。

方药：甘草人参汤加味。

生甘草60g　　　　　红参30g　　　　　白及粉30g^{（冲服）}

煎服法：水煎煮，沸后20分钟左右取汁，每次服50mL，1～2小时服用1次，1日2剂。

服用2剂后患者出血量减少，血压回升，心率减慢，肠鸣音减弱。3天后复查：血红蛋白70g/L。

按： 陈绍宏认为上消化道出血出现便血为中医"远血"范畴，按照中医辨证属脾不统血，气随血脱之虚寒证。正如唐容川《血证论》所言："血尽则气亦尽，危脱之证也，独参汤救护其气，使气不脱则血不奔矣。寒证者，阳不摄阴，阴血因而走溢，其证必见手足清冷，便溏遗溺，脉细微迟涩，唇口淡和……甘草干姜汤主之。"张景岳《景岳全书·血证》言："盖脾统血，脾气虚则不能收摄；脾化血，脾气虚则不能运化，是皆血无所主，因而脱陷妄行。"治法根据古人"有形之血不能速生，无形之气所当急固"的理论治以健脾益气摄血，方药选择上用甘草甘温濡润，走血分，属脾经，无芪术温燥耗伤阴血，附姜芍归等行气之品行气动血之弊，重用以健脾益气。配以红参救护其气，以益气固脱，并配以收敛止血之白及，合而成甘草人参汤。甘草对消化性溃疡所致的上消化道大出血有多方面的止血作用。甘草中的甘草黄酮、甘胃舒能明显抑制胃酸分泌，从而减少胃液分泌。甘珀酸也能抑制胃酸分泌；抑制胆汁反流所致的H^+逆扩散，增加胃黏液分泌，减少H^+回渗期，阻止胃蛋白酶激活，抑制胃蛋白酶活性；直接作用于溃疡部上皮细胞,延长上皮细胞寿命,促进组织再生和溃疡愈合。其水煎液能明显增加胃黏膜细胞己糖胺成分,利于促进胃黏膜修复,甘草还能缓解平滑肌痉挛,减慢胃肠蠕动,减少胃液分泌而促进止血。人参浸膏(1:10)和人参果皂苷对大鼠实验性胃溃疡具有防治作用,人参乙醇提取物可抑制组胺引起的狗酸性胃液分泌,红参和白参甲醇提取物腹腔注射可抑制大鼠实验性胃出血。白及可显著缩短凝血时间及凝血酶原形成时间,并能加速红细胞沉降率。白及的止血作用与其所含胶状成分有关,并有修补血管缺损的作用,其止血可能是物理性作用。此外,甘草、人参都具有增强心肌收缩、促进血管收缩、升压、抗休克等作用。全方共红参、甘草、白及三味药,充分体现了中医急症辨证施治的高度统一性和"简、便、灵"的治疗特点。

(十一)急性胰腺炎

患者张某,女,46 岁,2014 年 3 月 24 日就诊。

主诉:上腹部疼痛 6 天,加重 3 天。

初诊:患者 6 天前进食火锅后发生上腹部疼痛,阵发性加重,在外院予以解痉止痛等对症治疗后未见明显好转,并逐日加重,现为求进一步治疗遂来我科住院治疗。症见:神志清楚,精神差,闭目呻吟,上腹胀痛拒按,发热恶寒,恶心,食入即呕。小便黄赤量少,大便 3 日未解。舌质红,苔黄,脉弦数。查体:体温 39℃,脉搏 90 次/分,血压 140/86mmHg。急性病容,上腹部压痛,肌紧张,肠鸣音 0 次/分。辅助检查:血常规:WBC 13.3×10^9/L;尿淀粉酶 602U/L,血淀粉酶 1990U/L;上腹部 CT 提示急性胰腺炎改变。

中医诊断:急性脾心痛。

西医诊断:急性胰腺炎。

辨证:阳明腑实证。

治法:通腑泄热。

方药:大柴胡汤加减。

柴胡 15g	生大黄 30g(后下)	丹参 15g	木香 10g
黄连 10g	醋延胡索 30g	芒硝 60g(后下)	炒厚朴 30g
枳实 30g	生甘草 10g		

煎服法：6剂，水煎煮，沸后20分钟左右取汁，1日1剂，每4小时服用1次，每次服50mL。同时，使用大黄芒硝汤（大黄60g、芒硝30g）泡水灌肠，每6小时1次。

二诊：患者发热恶寒消失，腹痛大减，大便已解。但精神萎靡，不思饮食，乏力。舌质淡，苔薄白，脉沉细。换用：楂曲平胃散合膈下逐瘀汤加减。

焦山楂 15g   建曲 15g   桃仁 15g   红花 15g

当归 15g   赤芍 15g   乌药 15g   醋延胡索 15g

生甘草 10g   牡丹皮 10g

煎服法：3剂，水煎煮，沸后20分钟左右取汁，1日1剂，1日3次，每次150mL。

三诊：3剂后患者腹痛消失，精神可，体温恢复正常，能食少量流质饮食。效不更方，继续服用上方。2014年4月10日病愈出院。

按：中医把急性胰腺炎归为"腹痛""急性脾心痛""胰瘅"范畴。陈绍宏根据急性胰腺炎"不通则痛"的关键病机，借用古方"大柴胡汤"让患者频服，以达"通腑泄热"之功。《金匮要略·腹满寒疝宿食病脉证并治》曰："按之心下满痛者，此为实也，当下之，宜大柴胡汤。"《伤寒论》曰："呕不止，心下急，郁郁微烦者，为未解也，与大柴胡汤下之则愈。"急性胰腺炎的临床表现与此类关于"大柴胡汤"条文中所描述的病证一致。

大柴胡汤外解少阳，内泄结热，正应本病病机。本病为急危重症，急需通腑泄热、急下存阴。陈绍宏指出：急危重症用药剂量大，量小无效，延误病情，故方中君药大黄、芒硝用量需大（30～60g）。患者湿热蕴结中焦，故腹部疼痛拒按，用大黄、芒硝泻肝胆、胃肠之火，并借其利胆通腑之功开邪热下行之路，则郁火邪热得除；肝胃气机不畅，故见腹胀，予柴胡疏肝胆之郁，则少阳气机得畅，枳实破滞消痞，降泄胆胃之气，此组药重在疏通气机；延胡索温中止痛；丹参活血化瘀；厚朴降逆止呕，顺承胃气，则津液得以通调，升降得以恢复，达到调理脾胃之目的。综观全方，一切药物作用皆着眼于"通"。陈绍宏强调，对于急性胰腺炎腹痛大减、大便自解的患者需尽快恢复脾胃运化功能，而重点在脾还是在胃尚需结合患者症状辨别，在脾者，子母同补，方选参苓白术散；在胃者，行消兼顾，方选楂曲平胃散。陈绍宏结合急性胰腺炎病理学改变指出，患者胰腺局部渗出往往逐渐形成包裹，成熟后形成假性囊肿、脓肿，甚至成为胰腺癌的窠臼。因此，陈绍宏常常合用膈下逐瘀汤辨病论治，不仅有利于改善远期预后，也有利于局部渗出的快速消散。

西医学研究表明，急性胰腺炎并发肠黏膜屏障功能障碍导致细菌及毒素移位引发全身炎症反应综合征是导致急性胰腺炎加重的主要病理机制之一，而由此引起的多器官功能障碍危及生命是其高病死率的主要原因。西医治疗急性胰腺炎目前缺乏有效、可靠的药物，早期治疗主要为液体复苏、抗感染、抑制胰液分泌、抑制胰酶活性，但对解除肠麻痹性梗阻，减少内毒素吸收，防治细菌移位尚缺乏有效手段，单纯胃肠减压不能满足临床治疗的需要，抗生素的使用虽对后期合并感染有治疗作用，但整体上不能降低病死率。中医药灌胃、灌肠，结合中药外敷、中成药静脉滴注、针刺等疗法改变了单纯西医静脉输注给药的方式。临床研究显示大柴胡汤胃管内注入联合灌肠治疗急性胰腺炎，能缩短患者腹痛、腹胀缓解时间，缩短肠鸣音、排便、排气恢复时间，缩短禁食天数、ICU 住院天数、总住院天数，有效降低腹内压。证明急性胰腺炎早期应用大柴胡汤有助于疏通肠道气机、解除胃肠道瘀滞、清除肠道毒素、阻断疾病的进展。

（十二）高血压病

1. 肾气亏虚，冲气上逆证

患者陈某，男，72 岁，2014 年 2 月 7 日就诊。

主诉：发现血压升高 10 年，加重伴眩晕半年。

初诊：患者既往高血压病史 10 年，血压在（160～190）/（100～110）mmHg之间，长期用硝苯地平、利血平、复方降压片（2 片，1 日 3 次）等药物治疗，血压始终未得到有效控制。近半年来，患者觉精神萎靡不振，倦怠乏力，形寒肢冷，夏日仍穿棉袄，头晕目眩欲仆，心悸、怔忡，口渴喜热饮，饮水不多，口淡无味，不思饮食，小便短少，夜尿频。舌胖大，苔白而润，脉沉而细。

中医诊断：眩晕。

西医诊断：高血压病 3 级。

辨证：肾气亏虚，冲气上逆证。

治法：补肾益气，平冲降逆。

方药：金匮肾气丸合苓桂术甘汤加减。

制附片 30g^{（先煎）}	桂枝 15g	茯苓 30g	泽泻 15g
牡丹皮 15g	熟地黄 15g	山药 30g	山茱萸 15g
炒白术 30g	怀牛膝 15g	炙甘草 10g	

煎服法：5 剂，水煎煮，先煎制附片 1 小时后，蘸取药汁不麻嘴后，加入他药，煎煮 20 分钟即可，1 日 1 剂，1 日 3 次，每次 150mL。

二诊：患者诸症明显减轻，尤其是畏寒肢冷几乎消失，如常人穿衣。效不更方，继续服用上方 10 剂，煎服法同上。

三诊：诸症状消失，血压平稳。改用复方降压片 1 片，1 日 3 次，血压控制在 140/80mmHg 左右。

按：高血压病在中医多属"眩晕""风眩"范畴。眩晕为临床常见病证之一，从古至今，历代医家对眩晕的病因病机都做了较为深入的研究和阐述，为后世积累了丰富的理论和实践经验。眩晕最早见于《黄帝内经》，《素问·至真要大论》云："诸风掉眩，皆属于肝。"《素问·气交变大论》言："岁木太过，风气流行，脾土受邪，民病飧泄食减……甚则忽忽善怒，眩冒巅疾。"《灵枢·口问》说："上气不足，脑为之不满，耳为之苦鸣，头为之苦倾，目为之眩。"张仲景认为痰饮是眩晕的发病原因之一，用泽泻汤及小半夏加茯苓汤治疗眩晕，为后世"无痰不作眩"的论述提供了理论基础。亦认为本病病因病机可为邪袭太阳，气郁而不得伸展；或邪郁少阳，上干空窍；或胃阳虚，清阳不升；或阴液已竭，亡阳于上。其中"痰饮致眩"之说在后代被发挥。隋代巢元方在《诸病源候论》中专设"风头眩候"篇。《重订严氏济生方·眩晕门》中载："六淫外感，七情内伤，皆能致眩。"陈无择在充分重视外因致眩的同时，提出了"七情内伤"致眩之说。刘完素认为眩晕系由内生风火所致，张子和主张"痰实致眩"，朱丹溪宗仲景"痰饮致眩"之论，虞抟于《医学正传》中提出"血瘀致眩"之说，张景岳着重强调了"无虚不作眩"。总之，古代医家认为眩晕的病因病机为本虚表实，以虚为本，与风、痰、瘀有关，故有"诸风掉眩，皆属于肝""无风不作眩""无虚不作眩""无痰不作眩"等关于眩晕的学说。

陈绍宏在临床上采用辨病与辨证相结合论治本病，对本病的认识具有一定特色。眩晕是目眩与头晕的总称，本病主要以痰、火、风、虚、瘀为基本病机，主要累及脏腑有肝、脾、肾，发病的关键是人体阴阳失调，气血逆乱。现代人生活压力大，长期精神紧张，血气不宁，暗耗肝阴，加之忧思郁怒，肝气郁结，日久化火伤阴，加之现代人生活无规律，过食肥甘厚味，导致痰浊内生，上蒙清窍，以及老年人肝肾亏虚，劳伤过度，致使肾水不足，水不涵木，肝风内动；以上种种均可导致眩晕发作，形成西医学的高血压病。

但要注意阳虚高血压偶尔可见，本案即是明证。因温药可助阳升压，故必须慎于辨证，须掌握阳虚的辨证要点，患者常有全身性虚寒，兼有眩晕便溏，浮肿等症。舌体胖大，舌质青淡，舌苔白滑，脉沉细，而辨证确属阳虚，则非温降莫效。温降高血压，可加用怀牛膝引药下行，桂枝易肉桂，可起平冲降逆之功，可能有些人会问，是否可与平肝潜阳药合用，这显然违背中医辨证施治的原旨，其效当然不好，甚至会起反作用，这就是我们为什么要说，中医要有效，辨证是关键之意。

2. 肝阳上亢证

患者季某，男，48 岁，2017 年 4 月 18 日就诊。

主诉：发现血压升高 4 年，头晕头痛 10 小时。

初诊：4 年前，患者体检时发现血压升高，最高血压不详，未规律监测血压及服用降压药。10 小时前，患者无明显诱因出现头晕头痛，遂来院就诊，测血压达 194/112mmHg。刻下症见：面色红赤，情绪烦扰，头晕伴头皮发麻，头胀痛，头重脚轻，如踩棉花，纳可，眠差，口苦无口干，便秘，小便尚可。舌暗红，苔薄黄腻，脉弦滑。既往有吸烟、饮酒史。

中医诊断：眩晕。

西医诊断：高血压病 3 级。

辨证：肝阳上亢证。

治法：平肝潜阳，息风止眩。

方药：红龙夏海汤合龙胆泻肝汤加减。

怀牛膝 15g	地龙 15g	夏枯草 30g	海藻 15g
龙胆草 15g	焦栀子 15g	黄芩 15g	柴胡 15g
车前草 30g	当归 15g	生地黄 30g	泽泻 15g
石决明 30g	生甘草 10g		

　　煎服法：2剂，水煎煮，沸后15分钟左右取汁，1日1剂，1日3次，每次150mL。

　　二诊：患者头晕头痛明显减轻，头皮发麻消失，口苦乏味，腹胀，大便溏结。血压降至150/90mmHg，原方去生地黄，加用藿香15g、姜厚朴15g、薏苡仁30g。再进4剂后头晕头痛消失，血压波动在（125～135）（75～88）mmHg之间。

　　按：《素问·至真要大论》云："诸风掉眩，皆属于肝。"《严氏济生方》云："肝风上攻，必致眩晕。"肝阳上亢证作为高血压病最常见的证型之一，中医治疗往往具有良好的临床疗效。《临证指南医案》载"肝为风脏，因精血衰耗，水不涵木，木少滋荣，故肝阳偏亢"，又曰"夫阳动莫制，皆脏阴少藏，自觉上实下虚"。故具体而言，本证型特点是上实下虚，主要为水不涵木，肝之阳气升腾太过、无以制约、妄动奔驰而成，故肝肾阴亏，阴不制阳，亢阳上扰是其重要发病机制。又阳亢则热，热灼津液，以致成瘀；肝逆犯脾，运化失常，津聚为痰；痰瘀既是新的病理产物，又可作为致病因素导致新的疾病发生。总之本病为本虚标实，肾虚为本，肝阳上亢为标，痰、瘀贯穿整个过程，但其关键环节为肝之阴阳失调，故调理肝之阴阳为其根本治法，而高血压急症患者根据"急则治其标"的原则，也主要围绕肝阳上亢为核心治疗。

　　陈绍宏针对肝阳上亢型高血压，常用红龙夏海汤加减，此方具有清肝，平肝潜阳，镇痉息风的作用。红龙夏海汤组成为红牛膝、地龙、夏枯草、海藻。方中牛膝引血、引火下行，此为治标之主药，还能补肝肾活血，现代药理研究提示牛膝有降压之功；地龙清热息风，可直接作用于中枢神经系统或通过内感受器反射影响中枢神经，引起内脏血管扩张而导致血压下降；夏枯草清肝火、散瘀结，亦具有降压作用；海藻化痰软坚散结，对痰浊为病疗效甚佳。诸药合用，使本方具清肝、平肝潜阳、镇痉息风，兼具活血化瘀、祛痰降浊之功。若肝肾阴虚，水不涵木，虚阳化风者，常有情志刺激，性情激动，具有眩晕，耳鸣，头胀目痛以及心烦，少寐，面色潮红，四肢麻木等症，可加白芍、何首乌、天冬、生地黄等养肝补肝之品，临床也可选用天麻钩藤饮加减；病程久者，常常兼有痰瘀，可加胆南星、半夏、牡丹皮、三七、丹参等化痰逐瘀之属。若夹湿热，症见口苦，舌红，苔黄腻，脉弦滑等，则可合用龙胆泻肝汤加减，临床疗效显著。

（十三）冠状动脉粥样硬化性心脏病

1. 气虚血瘀证

患者魏某，男，75 岁，2014 年 10 月 18 日就诊。

主诉：反复胸痛 5 年，复发加重 3 天。

初诊：患者 5 年前因胸痛于外院行冠脉造影诊断为急性心肌梗死，予以专科治疗后好转出院。现患者再发胸痛 3 天，心痛如绞，舌下含化硝酸甘油可缓解，倦怠乏力，心悸不安。舌质暗，苔薄，脉结。完善心肌酶谱、心肌损伤标志物检查，多次复查心电图后排除急性心肌梗死。

中医诊断：胸痹。

西医诊断：冠状动脉粥样硬化性心脏病，不稳定型心绞痛。

辨证：气虚血瘀证。

治法：益气活血。

方药：益气活血散加减。

红参 30g	三七粉 9g ^{（冲服）}	川芎 10g	丹参 20g
薤白 15g	生山楂 30g		

煎服法：4 剂，水煎煮，沸后 20 分钟左右取汁，1 日 1 剂，1 日 3 次，每次 100mL。每次药汁冲服三七粉 5g。

二诊：患者胸痛未再发作，其余症状明显减轻。嘱其可制成散剂长期服用本方。

按： 胸痹的临床表现早在《黄帝内经》即有描述，《灵枢·本脏》曰："肺大则多饮，善病胸痹、喉痹、逆气。"张仲景在《金匮要略·胸痹心痛短气病脉证治》中言"胸痹之病，喘息咳唾，胸背痛，短气，寸口脉沉而迟，关上小紧数"，其将胸痹之症状、脉象等予以描述，把病机归为"阳微阴弦"，即上焦阳气不足，下焦阴寒内盛，制定了瓜蒌薤白白酒汤等方剂，以温通散寒为主治之法。后世医家对胸痹心痛的论述更多，在病机上认为或寒凝，或气滞，或血瘀，或为痰浊，或为气阴两虚等诸多病机。其中认为血瘀者占多数，并主张用活血化瘀治理胸痹，如《时方歌括》的丹参饮、《医林改错》的血府逐瘀汤等。

陈绍宏在长期深入临床一线工作的同时，进一步总结前人经验，认为本病气虚血瘀是胸痹的主要证型，气虚为本，血瘀为标。胸痹心痛多发于中老年人群，《素问·阴阳应象大论》中说"人年四十，阴气自半"，并对普通人的生命过程从宏观角度概括为生、长、壮、老、已五个部分，总体呈现出由弱到强、再由强到弱的变化趋势，而中老年人群正处于由强到弱的阶段，机体生理活动逐渐减弱至较低水平的平衡状态，提示此年龄段的人正气渐弱，当固护正气。气乃无形之物，生命活动的直接动力来源在于气，故气相对于有形之阴血更易亏损，且心为"阳中之阳"，以阳气用事，所以心系疾病虽关乎气血阴阳，但心气不足在其病理基础上占据极其重要地位。气为血之帅，气虚而运血无力，气能行津，气虚亦无力行津。津血凝滞，或为痰，或为寒，或为瘀，进而阻滞气机，发为胸痹心痛。故病本为虚，因虚致实；治疗上应治病求本，补气、益气为主，辅以祛瘀止痛，陈绍宏据此理论创立"益气活血散"，在临床中取得了良好的疗效。

益气活血散由红参、丹参、三七、川芎组成。本案中红参性温，适于气虚阳弱者，大补元气，补益脏气，又因气为血之帅，气行则血行，故补气能行血；薤白通阳散结，行气导滞，为治胸痹疼痛之要药；三七、川芎、丹参、山楂皆为活血化瘀之品，三七既能活血化瘀，又能止血，止血不留瘀，活血不伤正；川芎既能活血，又能行气，乃血中气药；丹参活血不伤正，祛瘀能生新，诸药合用，共奏益气活血之效。

2. 阴寒内盛，气滞血瘀证

患者陆某，男，65岁，2016年1月23日就诊。

主诉：反复胸闷心悸1年，复发加重伴胸痛2天。

初诊：患者1年前因胸闷心悸于某西医院诊断为冠状动脉粥样硬化性心脏病，不稳定型心绞痛。其后口服阿司匹林、阿托伐他汀二级预防，仍偶有胸闷心悸感。2天前，因天气变化患者胸闷心悸症状加重，并有胸痛，遂于我科住院治疗。心电图提示：V3-V5导联ST段压低>0.1mV；cTnI：0.08ng/mL。患者及家属拒绝行造影等有创检查，予以静脉泵入硝酸甘油后胸痛无缓解，需肌注哌替啶止痛。症见：神志清楚，精神差，痛苦貌，面色白中泛青，双手按胸，诉胸痛胸闷心悸，疼痛如针刺，疼痛程度剧烈，痛甚连背，无休无止，畏寒肢冷，气短喘息。舌质紫暗，苔薄白，脉沉细。

中医诊断：胸痹。

西医诊断：冠状动脉粥样硬化性心脏病，非 ST 段抬高型心肌梗死。

辨证：气滞血瘀，寒凝心脉证。

治法：行气活血，散寒定痛。

方药：膈下逐瘀汤合瓜蒌薤白半夏汤加减。

桃仁 20g	牡丹皮 20g	赤芍 30g	乌药 10g
醋延胡索 30g	当归 15g	酒川芎 30g	醋五灵脂 15g
红花 15g	炒枳壳 15g	制香附 15g	瓜蒌皮 30g
薤白 20g	法半夏 15g		

煎服法：2 剂，水煎煮，沸后 20 分钟左右取汁，1 日 1 剂，1 日 3 次，每次 100mL。

二诊：2 剂后，患者胸闷心悸稍缓解，但胸痛如前，感寒尤甚，冷汗出，舌脉如前。遂请陈绍宏查房，陈绍宏考虑患者胸痛剧烈主要为阴寒内盛，气滞血瘀，遂于前方去牡丹皮，加用乌头赤石脂丸、生晒参。

桃仁 20g	法半夏 15g	赤芍 30g	乌药 10g
醋延胡索 30g	当归 15g	酒川芎 30g	生晒参 30g
红花 15g	炒枳壳 15g	制香附 15g	瓜蒌皮 30g
薤白 30g	川椒 15g	制川乌 15g（先煎）	制附片 30g（先煎）
干姜 20g	赤石脂 30g		

煎服法：4 剂，水煎煮，先煎制川乌、制附片 1 小时，蘸取药汁不麻嘴后，加入他药，煎煮 20 分钟即可，1 日 1 剂，1 日 3 次，每次 150mL。

三诊：4 剂后，患者胸痛明显缓解，畏寒冷汗减轻。效不更方，6 剂后上诉症状基本消失，好转出院。随访 2 年未见复发。

按： 陈绍宏认为胸痹心痛有虚有实，常常本虚标实，虚实夹杂。虚者有气虚、血虚、阳虚、阴虚，尤以气虚多见；实者不外气滞、寒凝、痰浊、血瘀，并可交互为患，其中又以血瘀多见；其病机关键主要为气虚血瘀，心脉痹阻，不通则痛；治疗以益气活血为大法，选方益气活血散（红参、丹参、三七、川芎）。而对于胸痹严重，心痛彻背，背痛彻心者，往往在气虚血瘀的基础上可见阴寒内盛，寒凝心脉。古语有云"寒主痛"。阴寒内盛，寒凝气滞，不通则痛。寒邪凝滞收引，寒邪阻络，阻滞气机，加重气滞。寒凝气滞则痰浊血瘀更甚，故寒邪为患，往往会导致多种病理因素相互作用，从而使胸痛剧烈，不易缓解。如《素问·举痛论》言"寒气入经而稽迟，泣而不行，客于脉外则血少，客于脉中则气不通，故卒然而痛"，《诸病源候论·心腹痛病诸候》曰"心腹痛者，由腑脏虚弱，风寒客于其间故也"，《医门法律·中寒门》云"胸痹心痛，然总因阳虚，故阴得乘之"。

对于阴寒内盛，寒凝心脉者，陈绍宏认为当宗仲景《金匮要略》辛温通阳散寒为治疗大法。《金匮要略·胸痹心痛短气病脉证治》曰"心痛彻背，背痛彻心，乌头赤石脂丸主之"，临床选用之，用之得当，效如桴鼓。乌头赤石脂丸由川椒、乌头、附子、干姜、赤石脂组成。方中乌头温经散寒止痛；配附子、川椒、干姜大辛大热之品，驱逐阴寒，恢复阳气；佐赤石脂，敛汗固脱，收护心阳，以防亡阳。全方合用，阴寒散，阳气振，正气固，心痛止。

又《金匮要略·胸痹心痛短气病脉证治》曰"胸痹不得卧，心痛彻背者，瓜蒌薤白半夏汤主之"；膈下逐瘀汤乃王清任五逐瘀汤之一，《医林改错》原文言："凡肚腹疼痛，总不移动，是血瘀，用此方治之极效。"王氏立膈下逐瘀汤，治肚腹血瘀之症，因其配伍延胡索、香附、枳壳、五灵脂，其行气活血之力强于血府逐瘀汤，故胸中血瘀者亦常常选用。膈下逐瘀汤合瓜蒌薤白半夏汤有行气化痰，活血化瘀之功，合用乌头赤石脂丸散寒止痛，对于胸痛剧烈者，疗效更著。

正如本案患者胸痹心痛急发，治以行气活血散寒，选用膈下逐瘀汤合瓜蒌薤白半夏汤，虽胸闷心悸减轻，但疼痛仍甚。经陈绍宏查房后予加用乌头赤石脂丸荡除阴寒，生晒参补气以行血，使气机得疏，血瘀痰浊渐消，胸痛自愈。

（十四）心力衰竭

患者姜某，男，85岁，2002年12月9日就诊。

主诉：双下肢水肿6年，喘息气促1天。

初诊：患者既往有高血压病15年，慢性阻塞性肺疾病10年。6年前，患者双下肢出现水肿，2年前于某三甲医院诊断为高血压病3级，很高危，高血压性心脏病，慢性阻塞性肺疾病，慢性肺源性心脏病，全心心力衰竭，心功能IV级。现长期口服呋塞米20mg bid；螺内酯20mg bid；安博维150mg qd。1天前，患者无明显诱因出现喘息气促，今日来院就诊，症见：面色晦暗无华，烦躁，口唇发绀，胸满喘息，咳白色黏痰，气短乏力，时有心悸，头晕汗出，活动后加重，双下肢水肿，按之凹陷不起，肢体沉重，四肢稍冷，小便量少，大便质稀。舌暗，苔灰厚，脉沉滑。BP：178/106mmHg。

中医诊断：水肿（阴水）。

西医诊断：慢性肺源性心脏病，全心心力衰竭，心功能Ⅳ级。高血压病 3 级，很高危，高血压性心脏病。慢性阻塞性肺疾病。

辨证：阳虚水泛证。

治法：温阳利水。

方药：真武汤合苓桂术甘汤加减。

制附片 30g（先煎）　生晒参 30g　　　丹参 30g　　　　生黄芪 30g

茯苓 30g　　　　桂枝 15g　　　炒白术 30g　　　猪苓 15g

赤芍 30g　　　　泽泻 30g　　　生姜 10g　　　　炙甘草 10g

煎服法：4 剂，水煎煮，先煎制附片 1 小时，蘸取药汁不麻嘴后，加入他药，煎煮 20 分钟即可，1 日 1 剂，1 日 3 次，每次 150mL。

二诊：患者喘息气促较前缓解，精神明显好转，自觉肢体沉重感有减轻，四肢转温。原方加用车前子 30g、牛膝 15g。8 剂，煎服法同上。

三诊：患者诉小便量多，水肿渐消，汗出减少，心悸好转，但觉纳差腹胀，又合香砂六君子汤等健脾益气之品调理半月余，患者好转出院。出院后继续服用健脾温肾等扶正之品，随访 2 年，患者未再服用西药利尿剂，已经能乘船登机出门旅游。

按：心力衰竭是临床常见病、多发病，也是多种心脏疾病发展的最终阶段，已成为 21 世纪最重要的心血管病症。心力衰竭晚期，死亡率高，预后差。西医治疗心力衰竭的措施主要为控制病因、利尿、扩张血管、强心、抑制心肌重塑等，但是利尿剂易致电解质紊乱而引起低钾性碱中毒，还能引起痰液黏稠而不利于控制感染；使用强心剂易中毒，引起心律失常；使用血管扩张剂、ACEI/ARB 制剂、β 受体阻滞剂等容易导致低血压、降低心排出量，尤其是并发慢性肺源性心脏病、右心衰竭者，治疗常常难以入手。根据本病的临床表现，可归属于中医"心悸""喘病""痰饮""水肿""胸痹"等范畴。

陈绍宏认为心力衰竭乃多种疾病迁延日久所致，为本虚标实之证。心肾阳虚是其病理基础，水饮、瘀血、痰浊乃其标实之候。孙思邈《千金翼方》曰："人年五十以上，阳气日衰，损与日至，心力渐退。"心阳虚衰，温养无力，心神不宁，故发为心悸；心阳不足，行血无力，血滞脉中，可发为胸痹心痛。肾阳不足，肾气不充，摄纳无权，肺吸入之清气不能下纳于肾，肾不主水，水邪泛滥，凌心犯肺，故呼多吸少、动则气喘。正如《医贯·喘论》所言："真元损耗，喘出于肾气之上奔……乃气不归元也。"肾阳不足，蒸化失司，水湿泛滥，导致痰饮内生；心阳不足，心火无以温暖肾水，损及肾脏，则肾失蒸化，开阖不利，水液泛滥肌肤，则为水肿。

陈绍宏认为治疗心力衰竭当以温补阳气为主，常常选用真武汤合苓桂术甘汤加减，取其附片、桂枝温阳化气之力治其本；兼以淡渗利水，常常选用泽泻、茯苓、车前子、猪苓等利水之品治其标；佐以化痰逐瘀，常常选用丹参、赤芍、半夏、瓜蒌等。而对于重症心力衰竭患者，需要"猛药起沉疴"，对于泽泻、茯苓、车前子、猪苓等利水药用量均需30g以上，同时需加大温阳益气之力，生晒参、附片亦常常用至30g，疗效显著。并且在长期临床实践中发现：应用中药利水药物，并无西药利尿剂会导致电解质紊乱、痰液黏稠等副作用，其作用机制至今尚未阐明，这可能与中药饮片复方制剂含有丰富的钾离子等电解质有关。

真武汤源于汉代张仲景的《伤寒论》，书载："少阴病……腹痛，小便不利，四肢沉重疼痛，自下利者，此为有水气。其人或咳，或小便利，或下利，或呕者，真武汤主之。"原方由炮附子、芍药、茯苓、白术和生姜组成；治疗肾阳亏虚，水气泛滥之证，为温阳化气行水的代表方。苓桂术甘汤同样也源于张仲景的《伤寒论》，书载："伤寒若吐、若下后，心下逆满，气上冲胸，起则头眩，脉沉紧，发汗则动经，身为振振摇者，茯苓桂枝白术甘草汤主之。"原方由茯苓、桂枝、白术和甘草组成；治疗由脾阳不足而致水气泛滥之证，为温阳益气，健脾化饮的代表方剂。两方合用，方中炮附子温振少阴阳气，肾阳复则下焦气化启动，自能蒸腾水邪，使水有所主；白术苦温燥湿，健脾治水，使水有所制；茯苓淡渗利水，佐白术健脾，脾机运转，则水湿下渗；桂枝温阳化气，平冲降逆，与茯苓相配，通阳化气，渗利水湿，使饮邪下排，以折上逆之势；生姜宣散水气，助附子布阳；芍药活血脉、利小便，并兼制姜、附燥烈之性。两方合用，共奏温阳利水之功。

在本案中，患者面色晦暗无华，胸满喘息，咳白色黏痰，双下肢水肿，按之凹陷不起，肢体沉重，四肢稍冷，小便量少，辨证属于阳虚水泛证，水饮在本案中是较重要的病理因素，治疗以温阳利水最为重要。水饮凌心射肺可见胸满喘息，甚至严重的呼吸困难，如端坐呼吸和咳吐粉红色泡沫痰；水饮阻塞经脉，阳气不能布达于四末、肌肤，则汗出肤冷、四肢不温。水为阴邪，易损阳气，脾阳虚，运化无力，可见腹胀纳差，且又影响阳气化生和津液输布。故选用真武汤合苓桂术甘汤，加大泽泻、猪苓、茯苓等利水之品用量，标本兼治；待标实缓解后，再长期服用健脾温肾等温阳化气之品治其本，取得了很好的疗效。

（十五）腰椎骨质增生症

患者胡某，男，59岁，2014年3月28日就诊。

主诉：腰膝冷痛3年。

初诊：3年前，患者受寒后出现腰膝重着冷痛，痿软无力，转侧不利，畏寒喜温，反复发作，患者未予特殊处理。近来，患者重体力劳作后上述诸症加重，遂来院就诊。症见：腰膝疼痛、痿软，痛处隐隐，喜揉喜按，酸软无力，麻木不仁，遇劳尤甚，失眠健忘，心悸气短，耳鸣头晕。舌淡红，苔白腻，脉细弱。

中医诊断：腰痛。

西医诊断：腰椎骨质增生症。

辨证：痹证日久，肝肾亏虚，气血不足证。

治法：补肝肾，益气血，祛风湿，止痹痛。

方药：独活寄生汤加味。

独活 15g	桑寄生 30g	杜仲 15g	怀牛膝 15g
细辛 6g	秦艽 10g	茯苓 15g	桂枝 15g
防风 15g	川芎 15g	生晒参 30g	当归 15g
赤芍 15g	生地黄 15g	炙甘草 10g	薏苡仁 20g

煎服法：7剂，水煎煮，沸后20分钟左右取汁，1日1剂，1日3次，每次100mL，饭后半小时温服。嘱患者注意保暖、避风寒，忌生冷油腻食物。

二诊：患者腰膝冷痛明显减轻，仍觉腰部酸软无力，小便反多，眼睑浮肿。舌淡胖，苔薄白，脉沉细。此为患者腰膝冷痛之标已除，肝肾亏虚，阳气不足之本未解。

　　辨证：肝肾亏虚，阳气不足证。

　　治法：补益肝肾，温阳益气。

　　方药：金匮肾气丸加减。

制附片 15g^{（先煎）}　　桂枝 15g　　　　山药 30g　　　　山茱萸 15g

牡丹皮 15g　　　　泽泻 15g　　　　茯苓 15g　　　　生地黄 15g

怀牛膝 15g　　　　补骨脂 15g　　　菟丝子 15g　　　桑寄生 15g

覆盆子 15g　　　　巴戟天 15g　　　淫羊藿 15g

7剂，煎服法、服药将息法同上。

　　三诊：患者腰部疼痛、酸软无力明显好转，夜尿减少。独活寄生汤合上方继续服用以巩固疗效。随访半年未见复发。

　　按： 腰痛，是以腰部或下腰部疼痛、重着、麻木甚或俯仰不便或连及一侧或两侧下肢为主要症状的一类病证。"腰痛"论述最早见于《黄帝内经》，其论述了腰痛的性质、部位，总结出腰痛的虚、寒、湿三因。《金匮要略·血痹虚劳病脉证并治》对腰痛进行了辨证论治，创肾气丸用于治疗虚劳腰疼。《金匮要略·五脏风寒积聚病脉证并治》首提"肾著"的病名，"腰以下冷痛，腹重如带五千钱"的寒湿腰痛用甘姜苓术汤。清代王清任《医林改错》根据"痛久必有瘀血"的理论，提出活血化瘀法治疗腰痛，首创身痛逐瘀汤治疗血瘀腰痛。肾主骨，肝主筋，脾主肉，外在筋、骨、肉病症反映内在肾、肝、脾的脏腑功能，即《灵枢·本脏》所说："视其外应以知其内脏，则知其所病矣。"《素问·脉要精微论》云："腰者，肾之府，转摇不能，肾将惫矣。"肾虚则骨髓空虚，骨不坚则易闪挫。肝在体合筋，肝肾同源，肝主筋，筋司关节。《素问·痿论》提出"宗筋主束骨而利机关也"；肝血不足，血不养筋，筋脉失养，筋骨不坚，故见腰痛、膝软、胫酸、足跟痛，甚至腰脊不举、足不任身等症。脾在体合肉，脾主肌肉，脾为后天之本，气血生化之源，肾精需要后天气血的不断充养，脾运化不及，气血亏虚，血不养筋，先天之本不充，则筋骨不坚、肌肉无力。"不通则痛""不荣则痛"，肾气的亏虚，与肝脾关系密切，腰为肾之府，乃肾之精气所溉，肾与膀胱相表里，足太阳经过腰，任、督、带诸脉，布行其间，风寒湿热之邪侵入腰部，痹阻经脉，气血运行不畅，经脉不通；素体禀赋不足，损伤劳倦，肾精亏虚，腰部失养则发为腰痛，故肾虚是发病之根本，气血痹阻是发病的重要环节。中医治疗腰痛，用药以补虚为主，兼以祛邪、祛瘀，表明腰痛病因多以"正虚"为本，而外感、血瘀等邪实为标，其基本病机为气血运行痹阻，筋脉拙急，腰府失养，治疗主要从补肾强腰，祛风除湿，通络止痛等方面论治。

陈绍宏通过总结历代医家关于腰痛诊治经验，结合自身实践，认为"腰痛"一病，虽有虚实寒热之异，但其核心病机不外乎风湿痹阻，肝肾亏虚，气血痹阻，其中尤以肝肾亏虚为本。陈绍宏常用方为独活寄生汤加减，认为该方为治疗腰痛的良方、验方，凡腰痛均可随症加减。独活寄生汤源自《备急千金要方》，书中载："夫腰背痛者，皆由肾气虚弱，卧冷湿地当风得之，不时速治，喜流入脚膝，为偏枯，冷痹，缓弱疼重，或腰痛挛脚重痹，宜急服此方。"本方由独活、桑寄生、牛膝、细辛、秦艽、茯苓、肉桂心、防风、川芎、当归、干地黄、杜仲、人参、芍药、甘草15味中药组成。方中独活祛风除湿、散寒通痹，且性善下行，长于祛下焦风寒湿邪，祛痹止痛，尤以腰膝、腿足关节痹痛为宜，用量宜大，为君药。防风、秦艽祛风胜湿；肉桂温里祛寒，通利血脉；细辛辛温发散，祛寒止痛，均为臣药。桑寄生、牛膝、杜仲补肝肾，强筋骨；当归、白芍、生地黄、川芎养血活血，寓"治风先治血，血行风自灭"之意；人参、茯苓、甘草补气健脾，扶助正气，均为佐使。纵观全方，能祛风湿除痹痛，兼以补益肝肾，又有活血之功效，以使祛邪不伤正，扶正不留邪，邪正兼顾，用于治疗痹证日久，肝肾两虚，气血不足之证。现代药理研究表明，该方具有抗炎、镇痛、扩张血管、改善循环和调节免疫功能等作用，广泛用于治疗坐骨神经痛、肩周炎、重症肝炎、慢性乙型肝炎关节痛、强直性脊柱炎、多发性硬化症、产后身痛、阳痿、青光眼等。用于腰痛的治疗，陈绍宏认为该方不仅兼顾患者肝肾亏虚，气血亏虚之本，更兼顾气血痹阻，风湿侵袭之标，随证调整药物偏重，适用于各类腰痛，收效颇佳。同时，陈绍宏还强调本方尤其适用于"肾虚湿盛"腰痛，其在补益肝肾的基础上兼祛风除湿之功，四川盆地常年多湿，久居湿地耗伤阳气，肝肾亏虚，循环往复，以致长期反复腰痛，即"肾气虚弱，卧冷湿地当风所得也"。本案患者久居湿地，加之劳倦过度，素体肝脾肾亏虚，正气亏虚，易感风寒湿等邪气，而发为本病，予独活寄生汤加味补肝肾，益气血，祛风湿，止痹痛，标本兼顾，扶正祛邪，肾气得固，寒湿得除，腰痛缓也。寒湿瘀滞缓解，遗留肝肾亏虚，阳气不足，予以金匮肾气丸补肾助阳，通络止痛，诚如《金匮要略·血痹虚劳病脉证并治》曰"虚劳腰痛，少腹拘急，小便不利者，八味肾气丸主之"。

（十六）急性肾盂肾炎

1. 肝胆湿热证

患者赵某，男，46 岁，2014 年 5 月 4 日入院。

主诉：发热伴尿频尿急 2 天。

初诊：患者入院症见发热、尿频尿急、腰痛。体温 39.1℃。双侧肾区叩击痛明显。查血常规：WBC 12.6×10^9/L，N% 86%；尿常规：WBC 11056/μL、亚硝酸盐（++）。结合患者的临床症状、体征及血尿常规检查结果，诊断为急性肾盂肾炎，在完成血培养和尿培养标本的留取后开始治疗。由于患者系高敏体质，对青霉素类、喹诺酮类等多种抗生素过敏，故首先采用中医方法治疗。刻下见：形体壮实，平素好食肥甘酒酪且急躁易怒，面色红赤，口干口苦，大便干燥，发热腰痛，尿频尿急。舌红苔黄，脉滑数。

中医诊断：淋证（热淋）。

西医诊断：急性肾盂肾炎。

辨证：肝胆湿热证。

治法：清利肝胆湿热，化湿解毒通淋。

方药：五味消毒饮合龙胆泻肝汤加减。

黄芩 15g	生地黄 15g	柴胡 15g	泽泻 10g
川木通 10g	生栀子 15g	龙胆草 15g	车前草 30g
当归 15g	生甘草 5g	金银花 30g	野菊花 30g
蒲公英 30g	紫花地丁 30g	紫背天葵 30g	

煎服法：2 剂，水煎煮，沸后 20 分钟左右取汁，1 日 2 剂，每 6 小时 1 次，每次 150mL，饭后半小时温服。

2 剂后，患者尿频尿急症状明显好转，体温下降至 38.3℃，效不更方；2 天后，尿频尿急及腰痛症状完全消失，体温恢复正常，复查血常规：WBC 9.9×10^9/L，

N% 76%；尿常规：WBC 40/μL。原方1日1剂，继续服用1周，患者所有临床症状、体征消失，复查血常规、尿常规、尿液培养正常，患者痊愈出院。

按： 急性尿路感染的西医治疗以抗感染为主，由于该患者对一些抗生素有过敏史，故首先采用中医治疗。患者本次以发热、尿频尿急为主诉，属于中医"淋证"范畴。关于淋证，《素问·六元正纪大论》称为"淋闷"，并有"甚则淋""其病淋"的记载。《金匮要略·五脏风寒积聚病脉证并治》称"淋秘"，认为"热在下焦"。《金匮要略·消渴小便不利淋病脉证并治》曰："淋之为病，小便如粟状，小腹弦急，痛引脐中。"隋代《诸病源候论·淋病诸候》高度概括为"诸淋者，由肾虚而膀胱热故也"，巢氏以肾虚为本、膀胱热为标的病机理论，为后世所宗。历代医家对淋证进行了分类探索，《中藏经》首先将淋证分为冷、热、气、劳、膏、砂、虚、实八种，为淋证临床分类的雏形。《诸病源候论·淋病诸候》把淋证分为石、劳、气、血、膏、寒、热七种，而以"诸淋"统之。《外台秘要·淋并大小便难病》指出五淋曰："《集验》论五淋者，石淋、气淋、膏淋、劳淋、热淋也。"现代临床仍沿用五淋之名，但有以气淋、血淋、膏淋、石淋、劳淋为五淋者，亦有以热淋、石淋、血淋、膏淋、劳淋为五淋者。

但临床上，由于多数患者尿频、尿急、尿痛、血尿及发热腰痛等症多以"症候群"同时出现，难以截然分开，故陈绍宏认为此分型辨证实用性较差，而以"虚实辨证"论治更适用于临床。实者当以"湿热"为主，治疗以清热祛湿通淋为大法。如《丹溪心法·淋》曰"淋有五，皆属乎热"，《景岳全书·淋浊》认为"淋之初病，则无不由乎热剧"并提出"凡热者宜清"。

本案患者形体壮实，平素好食肥甘酒酪且急躁易怒，面色红赤，口干口苦，大便干燥，发热腰痛，尿频尿急，舌红苔黄，脉滑数。辨证属肝胆湿热之证，肝胆湿热下注膀胱，故治当以清热祛湿通淋之法，陈绍宏选用五味消毒饮合龙胆泻肝汤治疗，得到了很好的疗效。

2. 中气不足，湿热留恋证

患者李某，女，54岁，2015年4月3日入院。

主诉：发热伴腰痛2天。

初诊：患者患肌萎缩侧索硬化症2年。2天前，患者无明显诱因出现发热（最高体温38.5℃），无寒战，伴腰部酸痛不适，小便频急，小便时尿道微微灼热感，自行服用头孢地尼分散片后无明显缓解，遂来我科住院治疗。查体：体温38.4℃，脉搏96次/分，呼吸18次/分，血压110/78mmHg。神志清楚，双侧咽部无充血，扁桃体未见肿大。颈软，心肺（－）。腹软，无腹膜刺激征，墨菲征（－），麦氏点无压痛，肝脾肋下未触及，双肾区叩痛。血常规：WBC 14.5×10^9/L，N% 90%，L% 10%；尿常规：WBC 1305/μL、亚硝酸盐（＋）、隐血（＋）。刻下见：神志清楚，精神差，面色红白相兼，身热汗出，小便频数，淋沥不尽，腰部酸痛不适，时有胀痛，肢软乏力，不思饮食，口中黏腻，眠浅易醒，梦多，大便3日未解。舌质淡红，苔黄腻，脉弦数。

中医诊断：淋证。

西医诊断：急性肾盂肾炎。

辨证：湿热蕴结，气滞膀胱证。

治法：清热利湿，行气通淋。

方药：龙胆泻肝汤合五味消毒饮加减。

车前草20g	黄芩15g	柴胡20g	当归15g
生栀子15g	泽泻15g	龙胆草15g	生地黄20g
生甘草10g	蒲公英30g	紫背天葵30g	紫花地丁30g
野菊花20g	金银花20g		

煎服法：7剂，水煎煮，沸后20分钟左右取汁，1日1剂，1日3次，每次150mL，饭后半小时温服。

西医治疗上予以左氧氟沙星抗感染、碳酸氢钠碱化尿液等。并嘱患者多饮水、勤排尿、保持会阴卫生。1周后，患者体温降至正常，腰痛、尿频尿急明显缓解，血常规、尿常规未见明显异常，予以办理出院。但是，患者出院后，体温又逐渐升高，发热、尿频尿急，腰痛频作，自行服用左氧氟沙星片无效，复查血常规、尿常规提示感染，遂又来就诊。症见：神疲乏力，阵发身热，尿频尿急，淋沥不尽，小便无力，腰痛时作，不思饮食，食后腹胀，眠差，梦多，大便质软，虚坐努责。舌质淡红，苔黄腻，脉弦数。

陈绍宏查房后指出：患者既往体弱多病，体质虚弱，本次急性肾盂肾炎复发，虽然有发热、腰痛、尿频尿急等表现，但患者神倦乏力，纳差食少，二便无力，舌淡红，可见其本质属虚证，虚中夹实。故治疗上当以扶正为主，辅以祛邪。辨证为中气不足，湿热留恋；方选补中益气汤合五味消毒饮加减治疗。

炙黄芪 45g	炒白术 20g	陈皮 15g	生晒参 20g
制升麻 10g	柴胡 10g	当归 20g	炙甘草 10g
蒲公英 30g	紫背天葵 30g	紫花地丁 30g	野菊花 15g
金银花 15g	隔山撬 30g	茯苓 20g	

6剂，煎服法同上。

三诊：患者仍然有低热，最高体温 37.9℃，腰痛好转，尿频尿急缓解，仍有尿不尽感，精神较前好转，语声较前有力，食量稍增，遂将前方蒲公英、紫背天葵、紫花地丁减量，生晒参加量为 30g；加用木香 15g，增加补气之力。继续服用半月余，患者腰痛、尿频数好转，精神渐好，纳眠尚可，复查血常规、尿常规无异常。其后，继续予以补中益气汤合香砂六君子汤等扶正之品服用 1 年左右，未见复发。

按： 急性肾盂肾炎属于上尿路感染，突出表现为寒战，发热，腰痛，或伴有血尿、尿频、尿急、尿痛等尿路刺激征。按照其临床表现可归于中医"淋证"范畴，而病因病机上，自古以来大多辨证与湿热相关；病机上有虚有实。至明代《景岳全书·淋浊》在认同"淋之初病，则无不由乎热剧"的同时，提出"久服寒凉""淋久不止"有"中气下陷和命门不固之证"，并提出治疗时"涩者宜利，下陷者宜升提，虚者宜补，阳气不固者温补命门"，对淋证病因病机的认识更为全面，治疗方法也较为完善。

陈绍宏经过长期临床实践认识到：急性肾盂肾炎患者，大多形体壮实，主要表现为急躁易怒、面色红赤、口干口苦、大便干燥、发热腰痛、尿频尿急、舌红苔黄、脉滑数，辨证属肝胆湿热、下注膀胱之证，故治当以清热祛湿通淋之法，据此选用五味消毒饮合龙胆泻肝汤治疗，并将此作为我科治疗急性肾盂肾炎的协定处方。

但本案患者有肌萎缩侧索硬化症病史，久病体虚，中气不足，小便无力。"六腑以通为用"，体虚无力，小便残留，毒邪不能尽除，流连膀胱，导致淋证反复发作。西医学亦认为，若膀胱残余菌尿不能排出体外，又可成为新的感染灶，造成本病反复发作，感染迁延不愈，最终发展为慢性肾盂肾炎。故治疗上当以补中益气为主，气能行津，气足自能推动小便排出，菌尿尽排，人体自身免疫力增加，故不容易复发。

所以，本病有虚有实，初病多实，久病多虚，初病体弱及久病患者，亦可虚实并见。因此，在治疗淋证时，要谨守病机，补虚泻实，辨证论治。若每见腰痛、尿频尿急、尿道灼热便大剂清热祛湿，虚实不辨，正邪主次不分，便会实者不减，正气损伤，虚者更虚。且西医治疗中应用的抗生素，在中医看来多属于攻邪、苦寒之品，其长期、大量应用，往往会造成肠道菌群失调、双重感染，人体最终也会表现为一派"虚象"。正所谓"正气存内，邪不可干"，后期当继续服用健脾益肾之品以扶正固本，巩固疗效。

（十七）急性肾损伤多尿期

患者陈某，男，8 岁，2009 年 9 月 22 日入院。

主诉：食用野生蘑菇后腹痛腹泻 3 小时。

初诊：患者因食用少许野生蘑菇约 40 分钟后，出现腹痛腹泻，腹中绞痛，暴泻如水，伴恶心，无呕吐，遂于我院急诊入院。查体：心率 102 次 / 分，血压 96/58mmHg。神志清楚，精神萎靡，巩膜正常，皮肤稍干，黏膜无充血。心肺查体无异常，肝脾未触及，肠鸣音亢进，8 ～ 10 次 / 分。血常规、肝功能、心肌酶未见明显异常，肾功能：尿素氮 4.7mmol/L，肌酐 84.8μmol/L。遂予以洗胃、补液，维持水、电解质和酸碱平衡、阿托品解毒等对症支持治疗。2 天后，患者小便减少，约 320mL/d，感恶心、乏力、四肢酸痛、腹部及腰部疼痛、口渴。查肾功能：尿素氮 15.2mmol/L，肌酐 192.1μmol/L，尿酸 516μmol/L。考虑急性肾损伤少尿期。经积极纠正水、电解质和酸碱紊乱，静脉大量维生素 C 解毒，呋塞米增加肾血流量等治疗 10 余天后，患者小便量逐渐增多，小便 3000 ～ 4000mL/d，进入多尿期，复查尿常规：尿蛋白（+++）、隐血（++）、尿胆原（+）。刻下见：精神萎靡，神疲乏力，语声低微，倦怠嗜卧，面色㿠白，小便清长，夜尿尤甚，腰腿酸软，畏寒怕冷，大便稀。舌质淡，苔灰白，脉沉细。

中医诊断：尿崩。

西医诊断：急性肾损伤多尿期。

辨证：毒邪伤肾，肾阳亏虚，膀胱失约证。

治法：温阳补肾，固涩缩尿。

方药：金匮肾气丸合缩泉丸合桑螵蛸散合金锁固精丸加减。

熟地黄 15g	茯苓 15g	山药 30g	山茱萸 20g
牡丹皮 10g	泽泻 10g	桂枝 15g	怀牛膝 15g
益智仁 20g	乌药 5g	金樱子 15g	桑螵蛸 30g
芡实 30g	生龙骨 30g	龟甲 10g	莲子 20g
生晒参 30g	石菖蒲 15g	制远志 10g	煅牡蛎 30g

白附片 30g $^{(先煎)}$

煎服法：2剂，水煎煮，先煎制附片1小时，蘸取药汁不麻嘴后，加入他药，煎煮30分钟即可，2日1剂，1日3次，每次100mL。

二诊：4日后，患者精神状态明显好转，面色较前红润，言语增多，尿量较前减少，畏寒较前改善，但觉纳差，饮食无味，尿液常规提示尿比重较前增加，尿蛋白（＋）、隐血（－）。原方加用理中丸，服用12日后，复查肾功能恢复正常后出院，嘱其继续服用中成药金匮肾气丸2个月巩固疗效。

按： 急性肾损伤属临床危重症，常常经历少尿期、移行期、多尿期和恢复期四个阶段。导致急性肾损伤的原因很多，本案患者即是毒蕈中毒后并发急性肾损伤的典型案例。毒蕈中毒者大多都会并发急性肾损伤，来势凶猛，病情危重，极易导致人体水、电解质及酸碱平衡紊乱，甚至出现多器官功能不全，且毒蕈中毒目前无特效解毒药物，治疗多采用早期洗胃、灌肠、导泻，注射巯基解毒物，保护肝、肾功能，甚至采用血液灌流等，但临床疗效欠佳，死亡率高。

对于急性肾损伤少尿期，陈绍宏认为应慎用或禁用中药汤剂口服，因尿液排钾减少，且酸中毒时细胞内钾转移至细胞外，有时会发生严重高钾血症，而中药汤剂中含有较多的钾离子，应用汤剂可能导致或加重高钾血症，引起心脏骤停等严重不良后果，故不主张在少尿期口服中药汤剂。而对于多尿期，辨病多属于中医"尿崩"范畴，辨证属肾阳亏虚，膀胱失约为多。本案患者不慎食用毒蕈，毒邪入胃，伤胃损脾，运化失常，气机逆乱，升降失常，清浊相干，故上见干呕下见腹泻，损伤正气。西医治疗上予以大量补液、洗胃灌肠、利尿等，正气更伤，而毒邪郁而成热、毒、湿，归之于下，最终肾阳多损。尿液排泄赖之膀胱之开阖，膀胱之开阖又依赖于肾之气化作用。肾之气化不利则膀胱开阖失司；气化不利，水液不能蒸腾于上，下注于膀胱，故见多尿。《素问·生气通天论》曰："阳气者，精则养神，柔则养筋。"阳气温煦失职，则见精神萎靡，神疲乏力，倦怠嗜卧，语声低微，面色㿠白，尿多，小便清长，夜尿尤甚，腰腿酸软，畏寒怕冷等一派阳虚之象；故治疗上当温阳补肾，固涩缩尿；方选金匮肾气丸为主温补肾阳，常常合用缩泉丸、桑螵蛸散、金锁固精丸加减固涩缩尿。

（十八）慢性肾衰竭

患者瞿某，女，45岁，2012年2月20日就诊。

主诉：发现颜面及四肢浮肿3年，加重2周。

初诊：患者患慢性肾衰竭3年，继发肾性贫血（血红蛋白在60～80g/L）、肾性高血压［服用卡托普利25mg tid，哌唑嗪1mg tid，血压波动在（160～140）/（100～90）mmHg，血尿素氮15～18mmol/L，血肌酐300～400μmol/L］。患者既往病情稳定，院外服中药治疗。2周前，因受凉而致肺部感染，无尿，血压升至200/120mmHg，血尿素氮32mmol/L，血肌酐800～1000μmol/L。住院后予以抗感染、降压及其他对症治疗，2周后，患者肺部感染已痊愈，但血压需要静脉泵入药物才能控制在150/90mmHg左右，少尿，尿量400mL/24h。血尿素氮20mmol/L，血肌酐>800μmol/L。主管医生劝其透析治疗，因经济原因而拒绝，转而来我院求治。刻下症见：神志清楚，精神萎靡，面容㿠白，颜面及四肢浮肿，畏寒肢厥，裹以衣被，心累短气、动则难续，腹胀，口淡无味，呕恶清水口涎，不喜饮，不思饮食，食已即满，下肢水肿，按之如泥，大便稀溏，小便色白短少。舌质青淡，苔白厚腻，脉沉而细。

中医诊断：水肿（阴水）。

西医诊断：慢性肾衰竭，肾性高血压，肾性贫血。

辨证：脾肾阳虚，水湿内停证。

治法：温补脾肾，引水下行。

方药：济生肾气丸合理中汤加减。

制附片30g（先煎）	桂枝15g	茯苓30g	泽泻30g
牡丹皮15g	生地黄30g	山药30g	山茱萸15g
党参30g	炒白术30g	干姜15g	怀牛膝15g
车前草30g			

煎服法：1剂，水煎煮，先煎制附片1小时，蘸取药汁不麻嘴后，加入他药，煎煮20分钟即可，1日1剂，1日3次，每次150mL。

二诊：患者尿量开始明显增多，1000～1500mL/24h，血压逐渐下降，停用静脉降压药。口服硝苯地平10mg tid，哌唑嗪1mg bid，可使血压控制在（140～120）/（80～70）mmHg。效不更方，继续服用上方5剂，煎服法同上。

三诊：患者颜面及四肢水肿渐消，饮食基本正常，血尿素氮降至10mmol/L，血肌酐降至180μmol/L。效不更方，继续服用上方15剂，煎服法同上。

四诊：患者血尿素氮、血肌酐降至正常，血红蛋白升至92g/L。病情好转出院。

按： 肾衰竭一病，在中医多属"水肿""癃闭""关格""溺毒""虚劳"等范畴。陈绍宏认为本病多为本虚标实之证，脾肾衰惫是本，湿浊内蕴是标。其发生多由他脏病久传肾或肾脏本身疾病，迁延不愈，脾肾虚损，气虚不能化水，故常兼夹湿浊中阻，外加外邪反复侵袭，使脾肾虚损更甚。故脾肾衰惫是本病的根本原因。《景岳全书·肿胀》云："凡水肿等证，乃肺脾肾三脏相干之病。盖水为至阴，故其本在肾；水化于气，故其标在肺；水唯畏土，故其制在脾。"肾病日久，气化无权，不能分清泌浊；肾阳虚衰，火不暖土，土不制水；肾虚水泛，上逆犯肺，宣降失调，使"湿浊"潴留体内，三焦决渎失司，膀胱气化不利，体内水液潴留，而引发本病。故湿浊是本病之标。

本病急性加重往往与外感六淫、劳倦过度或饮食不节有关；《脾胃论·脾胃胜衰论》云"形体劳役则脾病"，《素问·生气通天论》曰"因而强力，肾气乃伤"，过劳损伤脾肾，气化无力；饮食不节，损伤脾胃等均可使脾肾衰惫，湿浊内蕴加重。脾为后天之本，肾为先天之本，脾肾亏虚，气血精髓不足，临床可见一派虚象，如面色㿠白，神气怯弱，畏寒怕冷，腰膝冷而酸软无力，头晕目眩等症状，治疗上或益气温阳，或益气养阴，或阴阳并补以调脾肾，补虚益损，从而提高患者免疫功能，以取"正气存内，邪不可干"之意。本病乃正虚邪实，故常见湿浊之邪壅盛的表现，治当兼以化湿泻浊。本案患者一派脾肾阳虚之象，必以温补脾肾为主，故选用济生肾气丸合理中汤加减，又有水湿内停之标实证，故加牛膝、车前草，倍茯苓、泽泻以利水泻浊，而获显效。

由于阴阳互根，脾肾阳虚，阳损及阴，进而影响心、肝、肺多脏，形成阴阳失调及五脏俱病的复杂状况，而湿浊之邪潴留体内，可寒化亦可热化。故肾衰竭一病，既重又危，而其证往往虚实难辨，水火难分，阴阳难判，正如《医宗必读》所说："大实有羸状，误补益疾；至虚有盛候，反泻含冤。"因此，本病本虚标实，脾肾衰惫是本，湿浊内蕴是标；治当大补不足，损有余，治本为主，兼以治标。

（十九）类风湿关节炎

患者胡某，男，59岁，2011年3月28日就诊。

主诉：反复腰骶部疼痛8年多，加重1个月。

初诊：8年前，患者无明显诱因出现腰骶部疼痛，伴骶部放射痛，在外院确诊为类风湿关节炎，专科治疗后疗效欠佳。此后，患者上述症状反复发作，于阴雨天加重。1个月前，患者上述症状再次加重，未规律诊治，现为进一步治疗来陈绍宏门诊就诊。症见：神志清楚，精神可，形体适中，腰部疼痛拒按，痛有定处，向骶部放射，颈项强痛，诸痛得温则舒，遇寒加重，食欲食量可，睡眠可，大便色黄稀溏，1日1次，小便色黄量可。舌淡，苔白厚，脉弦紧。辅助检查：风湿三项：类风湿因子40IU/mL，C反应蛋白39mg/L。

中医诊断：痹证（痛痹）。

西医诊断：类风湿关节炎。

辨证：风寒湿痹阻经络。

治法：温阳通经，除湿通络。

方药：乌附麻辛桂姜汤加味。

制川乌15g^{（先煎）}	制附片30g^{（先煎）}	生麻黄15g	桂枝30g
细辛6g	干姜10g	炙甘草15g	桃仁15g
红花15g			

煎服法：7剂，水煎煮，先煎制川乌、制附片1小时，蘸取药汁不麻嘴后，加入他药，煎煮30分钟即可，1日1剂，1日3次，每次150mL。嘱其适量运动，避免外冒风寒湿邪，忌生冷食物。

二诊：1周后，患者腰骶部疼痛、颈项强痛缓解。舌淡，苔白厚，脉弦紧。继续服5剂以巩固疗效，煎服法同上。

　　三诊：半月后复诊，查类风湿因子 280IU/mL，C 反应蛋白 7mg/L。腰骶部疼痛、颈项强痛明显缓解，腰膝酸软，畏寒喜温。舌淡，苔薄白，脉沉细。

　　辨证：痹证日久，肝肾亏虚，气血不足证。

　　治法：补肝肾，益气血，祛风湿，止痹痛。

　　方药：独活寄生汤加减。

独活 15g	桑寄生 15g	杜仲 15g	怀牛膝 15g
细辛 3g	秦艽 15g	茯苓 15g	肉桂 15g
防风 15g	酒川芎 15g	熟地黄 15g	生晒参 15g
生甘草 10g	当归 15g	白芍 15g	

　　煎服法：7 剂，水煎煮，沸后 20 分钟左右取汁，1 日 1 剂，1 日 3 次，每次 150mL，饭后半小时温服。服药后患者诸症逐渐缓解，随访半年未见加重。

　　按：类风湿关节炎在中医属"痹证"范畴。《素问·痹论》云"风寒湿三气杂至，合而为痹也""寒气胜者为痛痹"，表现为关节局部疼痛及功能障碍，受寒遇冷加重，其病情顽固，久治难愈，且疼痛遍及周身多个关节。陈绍宏认为，病之初期，经络阻滞，气血不畅，日久肝肾精血亏虚，虚实夹杂。根据张景岳关于顽痹"因虚者多，因寒者多"的理论，故治当温经散寒为主，佐以祛风除湿之法。《素问·痹论》就提出了痹证的病因病机：素体虚弱，正气不足，腠理不密，卫外不固，是引起痹证的内在因素；而外邪侵袭，感受风、寒、湿之邪后，使肌肉、关节、经络痹阻而形成痹证。

　　"痹证"的发病与环境因素密切相关。《素问·宝命全形论》曰："人以天地之气生，四时之法成。"人体是一个有机整体，人和环境之间相互影响，痹证的发病与自身所处的环境有关。《素问·痹论》中所说"其风气胜者为行痹，寒气胜者为痛痹，湿气胜者为着痹"，可见痹病与环境的关系尤为明显。四川盆地多湿，陈绍宏认为患者长期处于湿气重的环境中，久则伤阳，阳虚则阴盛，湿邪易夹杂寒邪发病，故四川盆地内痹证患者多为着痹、痛痹，其病因病机为：阳气不足，寒湿痹阻，治以温阳通经，除湿通络。《金匮要略·中风历节病脉证并治》曰："诸肢节疼痛……桂枝芍药知母汤主之。"既往认为桂枝芍药知母汤或者乌头汤是治疗类风湿关节炎的验方，但通过临床观察发现这些验方临床效果往往不佳，散寒之力不够强，不能达到温经散寒止痛的效果。陈绍宏临证常选乌附麻辛桂姜汤治疗本病，方用大辛大热之川乌、附子直入关节深处，温经散寒；麻黄、细辛、桂枝既能引乌、附深入关节，又能导寒湿外出；再以干姜温中，使中阳振奋，下焦肾阳渐旺，阴寒渐去；甘草缓急，且能解乌、附之毒，使气血畅通，疼痛逐渐解除，桃仁、红花活血化瘀、疏经通络。

患者风寒湿痹阻经络日久不愈，累及肝肾，耗伤气血。急则治其标，缓则治其本。陈绍宏指出，本病急性期以乌附麻辛桂姜汤温经散寒，祛风除湿，待风寒湿邪尽去，当以补益肝肾之法固护其虚弱之肝肾。独活寄生汤具有祛风湿，止痹痛，益肝肾，补气血之功效。主治痹证日久，肝肾两虚，气血不足证。方中重用独活为君，辛苦微温，善治伏风，除久痹，且性善下行，以祛下焦与筋骨间的风寒湿邪。臣以细辛、防风、秦艽、桂心，细辛入少阴肾经，长于搜剔阴经之风寒湿邪，又除经络留湿；秦艽祛风湿，舒筋络而利关节；桂心温经散寒，通利血脉；防风祛一身之风而胜湿，君臣相伍，共祛风寒湿邪。因痹证日久而见肝肾两虚，气血不足，遂佐入桑寄生、杜仲、牛膝以补益肝肾而强壮筋骨，且桑寄生兼可祛风湿，牛膝尚能活血以通利肢节筋脉；当归、川芎、地黄、白芍养血和血，人参、茯苓、甘草健脾益气，以上诸药合用，具有补肝肾、益气血之功。且白芍与甘草相合，尚能柔肝缓急，以助舒筋。当归、川芎、牛膝、桂心活血，寓"治风先治血，血行风自灭"之意。甘草调和诸药，兼使药之用。纵观全方，以祛风寒湿邪为主，辅以补肝肾、益气血之品，邪正兼顾，祛邪不伤正，扶正不留邪。

（二十）格林-巴利综合征

患者刘某，男，41岁，1999年8月27日就诊。

主诉：反复四肢无力10年，复发加重1周。

初诊：10年前，患者受凉后突发四肢痿软无力，行走困难，伴双下肢麻木刺痛，酸胀不适，遂至华西医院就诊，诊断为格林-巴利综合征，经治疗好转出院。而后，患者四肢痿软无力反复发作，患者未予以重视。1周前，患者因感冒致上述症状复发，双上肢肌力Ⅳ级，双下肢肌力Ⅲ级，四肢肌张力下降，病理征未引出。现为求进一步治疗，遂来陈绍宏门诊就诊，症见：四肢痿软无力，肌肉痿软，不敢久立，伴阵发性麻木疼痛感，肢体活动不利，胞睑下垂，不思饮食，形瘦神疲，喜卧少动，面色萎黄，胸闷腹胀，大便溏薄。舌淡嫩，苔白腻，脉沉细。

中医诊断：痿证。

西医诊断：格林－巴利综合征。

辨证：肺脾两虚证。

治法：健脾益肺，益气生血。

方药：参苓白术散加减。

红参 15g	茯苓 15g	炒白术 30g	炒白扁豆 30g
陈皮 15g	莲子 30g	砂仁 15g	山药 30g
薏苡仁 30g	桔梗 15g	大枣 30g	炙甘草 15g

煎服法：7剂，水煎煮，沸后20分钟左右取汁，1日1剂，1日3次，每次150mL，饭后半小时温服。

二诊：患者自觉四肢痿软无力、神疲倦怠、腹胀腹泻明显好转，活动时肢体较前有力，饮食有味。效不更方，继续服用上方。

三诊：原方服药月余，患者可自由行走，行走灵活，肢体痿软无力消失，饮食起居生活如常人，随访2年未见复发。

按：格林－巴利综合征是一种血液和细胞共同介导，原因未明的自身免疫性周围神经系统疾病，其典型病理特点为周围神经和神经根脱髓鞘病变，伴周围小血管炎性细胞浸润。临床多表现为四肢多发对称性下运动神经元瘫痪，腱反射减弱或消失，严重时可引发致死性呼吸肌麻痹。起病前多有上呼吸道感染、消化道感染、外伤、劳累、受凉、预防接种等诱因。目前西医主要治疗方法：激素冲击疗法、血浆置换、静脉注射大剂量免疫球蛋白、营养神经药物等。对其并发症，如褥疮、坠积性肺炎、脓毒症、深静脉血栓形成等，仅能对症支持治疗。总体而言，目前治疗方法单一，效果有限，预后较差，且大剂量使用激素带来一系列副作用，免疫球蛋白及血浆置换价格昂贵，还有感染其他疾病的风险。而早期介入中医药具有独特优势，中医药能够提高患者生存质量，保证远期疗效。

根据患者症状体征，结合中医学理论，本病多属于中医"痿证"范畴。《素问·痿论》将痿证分为皮、脉、筋、骨、肉五痿，并提出了"治痿独取阳明"的基本治疗原则。古人认为痿证与五脏功能密切相关。《素问·痿论》曰"肺热叶焦则皮毛虚弱急薄，著则生痿躄也""五脏因肺热叶焦发为痿躄"，指出五痿发病均可由肺热津伤，宗筋失润导致。《素问·太阴阳明论》云："四支皆禀气于胃，而不得至经，必因于脾，乃得禀也。今脾病不能为胃行其津液，四支不得禀水谷气，气日以衰，脉道不利，筋骨肌肉，皆无气以生，故不用焉。"脾胃为水谷之海，气血生化之源，五脏六腑、四肢百骸均赖脾胃所运化的水谷精微之荣养。运化失常，水谷精微生化乏源，气血无以灌溉周身，四末失养，痿软无力。肺脾二脏，饮入于胃，脾气散精，上归于肺，肺朝百脉，为水上之源，通调水道，将津液和水谷精微输注于全身皮毛肌腠以濡养，转输于四肢形骸，充养全身。肝肾亏损，精血亏耗，筋脉肌肉失养而发为痿证。历代医家治疗痿证，早期从"湿热""火热"论治，而在《三因极一病证方论·五痿叙论》指出情志、劳逸"致五内精血虚耗，荣卫失度……故致痿""痿躄证属内脏气不足之所为也"，《景岳全书·痿证》强调"非尽为火证……而败伤元气者亦有之"，并强调精血亏虚致痿。

陈绍宏通过总结历代医家经验，结合自身多年临床经验以及西医病理生理学改变，认为本病病变部位主要在形体四肢，而"脾主四肢""脾主肌肉""脾胃为气血生化之源"，《医林绳墨》有言"人以脾胃为主，而治病以健脾为先"，现代药理研究指出，健脾药能提高免疫力，促进造血、蛋白质合成，加强、改善消化功能，为四肢肌肉提供充足的营养和能量；"阳明为五脏六腑之海""阳明多气多血，主润宗筋""肺朝百脉，输精于皮毛""内详五脏之痿，必始于肺"，故陈绍宏认为本病病机关键在于肺、脾、胃虚弱。本案中患者长期劳倦过度，调摄失司，肺脾损伤，食欲不振，食少腹胀，胃受纳腐熟功能受限，脾胃运化失司，脾病不能为胃行其津液，四肢失却水谷精微充养，且气血生化无源，精微物质无以上传于肺，肺气虚亦无力布散精微于皮毛，以致五脏六腑、四肢百骸失去温煦滋养，加之患者后天调摄失常，发为本病。陈绍宏治疗痿证的关键在于健脾益肺养胃，益气生血，《清代名医医案精华》言"欲解时邪，务必注重正气；善治杂病，贵在着眼脾肾；不论攻补，均应顾护中州"，脾胃喜甘而恶苦，喜香而恶秽，喜燥而恶湿，喜利而恶滞，常用选方为参苓白术散加减。参苓白术散出自《太平惠民和剂局方》，主治"脾胃虚弱，饮食不进，多困少力，中满痞噎，心忪气喘，呕吐泄泻及伤寒咳噫"，方中人参、白术、茯苓益气健脾，燥湿渗湿以治泻，共为君药。山药、莲子肉助参、术益气健脾，兼涩肠止泻；白扁豆、薏苡仁助苓、术健脾助运，同为臣药。砂仁化湿醒脾，为佐药；桔梗开宣肺气，通利水道，并载药上行而成培土生金之功；炙甘草益气和中，调和诸药。诸药共奏补中气，益血生，助脾运之功，使气血得生，肌肉得养，形体四肢功能恢复如常。本方助脾气输精于全身，提供人体营养，又能补脾和胃，使之升降有度，保证后天气血生化来源不竭；渗湿止泻，使之分利有度，维持水液代谢正常，增强机体抵抗力。现代药理研究表明参苓白术散具有调节机体免疫功能、抗菌消炎、促进胃黏膜水肿吸收及促进组织修复的作用。临床上此方常用于治疗消化系统疾病，陈绍宏亦将该方广泛应用于各类疾病，如口腔溃疡、慢性胃炎、慢性萎缩性胃炎、溃疡性结肠炎、干燥综合征、便秘、失眠等的治疗，收效颇佳。

（二十一）急性脑出血

患者白某，男，49岁，2009年3月28日入院。

主诉：头晕呕吐伴右侧肢体麻木3小时。

初诊：3小时前，患者情绪激动后突然出现头晕、恶心呕吐，呕吐清水样胃内容物，伴右侧肢体偏身麻木，咳嗽，咳白色痰。家属急呼120来我院，行急诊头颅CT示：脑干出血，大小约为1cm×1.5cm×4cm，门诊以"脑干出血"收入我科。患者既往高血压病史1年，最高血压达220/140mmHg，长期口服倍他乐克、尼群地平，血压控制在140/100mmHg左右。吸烟史30年，每天约30支，无嗜酒史。刻下症见：神志清楚，精神可，形体适中，面色如常，头晕，右侧肢体麻木，咳嗽，咳白色痰，食欲食量可，大便色黄质软成形，1日1次，小便色黄量可。舌淡红，苔黄腻，脉沉细。查体：血压210/104mmHg。双侧瞳孔等大等圆，直径3mm，对光反射灵敏。伸舌居中，颈软无抵抗，四肢肌力及肌张力正常。生理反射存在，病理反射未引出。

中医诊断：中风（中经络）。

西医诊断：急性脑出血。

辨证：气虚血瘀证。

治法：复元醒脑，逐瘀化痰，泄热息风。

方药：中风醒脑口服液（成都中医药大学附属医院制剂）。

服法：25mL口服，每6小时1次。

入院后完善相关检查，予以甘露醇脱水控制颅内压，吲达帕胺、依那普利、硝苯地平控制血压，加替沙星抗感染等对症支持治疗。

治疗 24 天之后，患者无头晕、呕吐等症状，右侧肢体麻木较之前明显好转，视物重影。血压 127/76mmHg。双肺未闻及干湿啰音。病理反射未引出。复查头颅 CT 示：脑干出血已完全吸收，局部为软化改变。患者于 2009 年 4 月 21 日病情好转出院。

按：陈绍宏结合数十年临床实践，提出了虚、瘀、痰、火、风的中风病核心病机理论。脑出血主要发生在 40 岁以上的人群中，李东垣《医学发明·中风有三》云"中风者，非外来风邪，乃本气自病也。凡人年逾四旬，多有此疾。壮岁之际，无有也。若肥甚，则兼有之，亦形盛气衰如此。治法和脏腑，通经络，便是治风"；《医经溯洄集·中风辨》亦云"凡人年逾四旬，气衰之际，或因忧喜忿怒，伤其气者，多有此疾"。可见，此类人群有一个共同的病理生理基础，那就是"元气亏虚"。在元气亏虚的基础上，因体质的差异，加之饮食、情志的诱发，导致水不涵木，肝阳偏亢，迫血妄行，或脾失先天所养，脾不统血，血溢脉外，而发中风。离经之血便是瘀，血溢脉外之后，瘀血阻滞脑络。血瘀则气滞，气滞则津停为痰，痰瘀互结，郁而化火，火极则生风。故中风的核心病机以元气亏虚为本，气虚生瘀，血瘀生痰，痰郁化火，火极生风，治以复元醒脑，逐瘀化痰，泄热息风。

陈绍宏将中医宏观辨证与西医微观病理生理相结合，认为脑出血的主要发病机制为脑内血肿压迫所致。中医学认为离经之血便是瘀，故治疗要注重活血化瘀，以消除血肿，"旧血不去，则新血断然不能生，而新血不生，则旧血亦不能自去也"，同时补益正气，有利于促进血肿消除和损伤神经细胞修复。陈绍宏研制的中风醒脑口服液是由红参、三七、大黄等为主药组成的复方制剂。方中重用红参为君药，大补元气，以针对中风元气亏虚的病机本质。且补气以行血，加强方中三七等活血化瘀之功，以清除离经之血。此外，三七尚能止血，可防活血而致出血之虞。配以少量酒大黄，既可活血止血，又能通腑以泄热息风，且可制约红参温燥之性。诸药合用，达到复元醒脑，逐瘀化痰，泄热息风之效。

（二十二）蛛网膜下腔出血术后头痛

患者马某，男，60岁，2016年5月16日就诊。

主诉：头痛半月。

初诊：患者半月前因突发蛛网膜下腔出血于华西医院就诊，西医行手术治疗后出院。但患者术后无明显诱因出现头痛，欲热敷，热敷后疼痛减轻但不消失，头痛剧烈，以后枕部明显，痛有定处，遇风加重，伴有头身困重，肩背疼痛，转侧难，喜眠。西医予以普瑞巴林对症止痛，但收效甚微。现为求中医治疗，遂来陈绍宏门诊，症见：神志清楚，精神可，头痛剧烈难忍，项背痛，遇风尤剧，遇热稍减，恶寒发热，口不渴。舌质红，苔薄白，脉紧。

中医诊断：头痛。

西医诊断：蛛网膜下腔出血术后头痛。

辨证：外感风寒湿，内阻瘀血证。

治法：祛风胜湿，通络止痛。

方药：川芎茶调散合羌活胜湿汤加减。

川芎15g	白芷15g	羌活15g	独活15g
细辛6g	荆芥15g	防风15g	藁本15g
蔓荆子10g	全蝎10g	蜈蚣2条	生甘草10g

煎服法：7剂，水煎煮，沸后15分钟左右取汁，1日1剂，1日3次，每次100mL，饭后半小时温服。嘱其药量不宜大，且不宜久煎，取其"轻清上达头面""轻清走于阳分以散风""治上焦如羽，非轻不举"之意，并服药后啜热粥，覆被保暖。

二诊：1周后复诊时，患者头痛明显减轻，无头身困重、腰背转侧困难等不适，停用普瑞巴林，上方去掉全蝎、蜈蚣，继续服用。1个月后，患者诸症消失，随访半年未见复发。

按：头痛是临床常见的病证之一，其不仅给患者带来了痛苦，严重影响了患者的生活质量，同时也给社会带来了巨大的经济负担。西医把头痛分为原发性头痛和继发性头痛，前者主要分为偏头痛、紧张型头痛、丛集性头痛和其他原发性头痛，后者主要是因感染、缺氧、代谢性疾病、血压改变，以及颅颌、面部器官等病变引起。目前西医治疗头痛效果欠佳，需长期口服镇痛药对症治疗，停药后经常复发。陈绍宏认为：头痛多因内伤杂病和外感六淫所致，而风为阳邪，轻扬开泄，易袭阳位，头为诸阳之会，手足三阳经皆上循于头面，所谓"伤于风者，上先受之""高巅之上，唯风可到"，风为百病之长，易合他邪侵袭人体；湿邪黏滞，易与风邪上扰头面，阻遏阳气，蒙蔽清窍以致头痛，久病不愈，久病入络，均可致瘀血内生，加重头痛。外感头痛大致可分为风寒头痛、风热头痛、风湿头痛、伤寒头痛、伤风头痛。内伤头痛与肝、脾、肾三脏有关，脏腑功能失调，致气滞、血瘀、痰凝，痹阻于经脉，精气壅遏不利，不通则痛，发为头痛。内伤头痛一般起病较缓，时作时止，遇劳累受风，或情志刺激则常易发作，并有脏腑气血不足或内邪证候。以虚证居多，有气虚头痛、血虚头痛、阴虚头痛、阳虚头痛、肾虚头痛及血瘀头痛、痰湿头痛、肝阳头痛等。

张仲景在《伤寒论》中指出："太阳之为病，脉浮，头项强痛而恶寒。"本病为外感风寒头痛，内有瘀血，患者术后头痛，痛有定处，此为瘀血阻滞经络，不通则痛。患者术后正气虚弱，起居不慎，坐卧当风，风邪夹寒侵袭人体，风寒外袭，上犯颠顶，凝滞经络，故遇风加重，喜欲热敷，故以祛风除湿、清利头目、活血通络为治法。川芎茶调散具有疏风通络止痛之功效，出自《太平惠民和剂局方》，书载："治丈夫、妇人诸风上攻，头目昏重，偏正头痛，鼻塞声重。"合羌活胜湿汤，共奏祛风除湿、通络止痛之效。方中川芎辛香走窜，上行头目，长于祛风止痛，《神农本草经》言其"主中风入脑头痛"，为诸经头痛之要药，尤善治少阳、厥阴二经头痛分路（两侧头痛或颠顶痛）。羌活、白芷、细辛既能发散风邪，又善止痛，其中羌活善治太阳经头痛（后脑连项痛），白芷长于治阳明经头痛（眉棱骨及前额痛），细辛长于治少阴经头痛（脑痛连齿），并可宣通鼻窍，三药助川芎祛风止痛。羌活、独活皆为辛温苦燥之品，皆可祛风除湿，羌活祛上部风湿，独活祛下部风湿，两药相合，能散一身之湿。荆芥、防风、薄荷辛散上行，疏风解表。重用薄荷取其辛散轻清之性，以疏散风邪，清利头目，同时借其凉性以制风药之温燥，兼顾风为阳邪，易于化热化燥之特点。藁本祛风胜湿，蔓荆子祛风止痛，全蝎、蜈蚣息风止痉，通络止痛。本方集大队风药于一方，止痛效佳，且分经论治，诸经头痛兼顾，诸药配伍，升中有降。陈绍宏认为中医不应拘泥于传统，对于各种继发性头痛，如高血压、颅脑损伤、感染等引起的头痛，应在积极病因治疗的同时，配以川芎茶调散、羌活胜湿汤，以达到更好的疗效。

（二十三）不明原因发热

患者李某，男，27岁，2010年7月9日就诊。

主诉：反复午后发热1个月。

初诊：患者反复午后发热1个月，体温37.5℃左右，经反复检查疟原虫、伤寒杆菌等均未见异常，经验性予以抗感染及抗结核治疗后临床效果不明显，遂寻求中医诊治。症见：神志清楚，精神差，面色萎黄，头晕头痛，少气懒言，周身酸重，食欲食量差，身热不扬，体温37.6℃。舌质淡，苔白腻，脉沉细而数。

中医诊断：湿温。

西医诊断：不明原因发热。

辨证：外感湿邪，湿阻气机，郁久化热证。

治法：宣通气机，清热利湿。

方药：藿朴夏苓汤加减。

藿香20g	茯苓20g	姜厚朴15g	法半夏15g
白豆蔻15g	燀苦杏仁15g	薏苡仁15g	苍术15g
紫苏15g	滑石15g（包煎）	焦山楂15g	建曲15g
炒莱菔子15g	淡竹叶10g		

煎服法：5剂，水煎煮，沸后15分钟左右取汁，1日1剂，1日3次，每次100mL。

二诊：患者仍然发热，头晕头痛大减，出汗明显，饮食增加，体力有所恢复。继守前方，3剂，煎服法同上。

三诊：患者发热好转（体温降至37℃以下），偶有发热。舌淡苔白，脉沉缓。嘱续服原方3剂，药尽病愈。随访1年未见复发。

按：陈绍宏指出湿温是长夏季节多见的热性病，因感受时令湿热之邪与体内湿热蕴结而发病。其表现有身热不扬，身重酸痛，胸部痞闷，面色淡黄，苔腻，脉濡。本病病势缠绵，病程较长，病邪多留恋气分，有湿热胶着之势，有湿重于热和热重于湿之分。湿温又名湿瘟，名出《难经·五十八难》，书载："伤寒有五，有中风，有伤寒，有湿温，有热病，有温病。"吴鞠通明确地将湿温作为温病病名之一,《温病条辨》曰"湿温者,长夏初秋,湿中生热,即暑病之偏于湿者也",其中上焦篇第45条指出:"面色淡黄,胸闷不饥,午后身热,状若阴虚,病难速已,名曰湿温。"关于湿温的病因病机及转归,叶天士云:"外邪入里,里湿为合。"吴鞠通亦谓:"内不能运水谷之湿,外复感时令之湿。"湿温发生的内因为太阴受伤,湿邪停聚,外因为感受湿热邪气,内外合邪,湿温即可发生。疾病初起以邪遏卫气为主要病理变化。湿热病邪多由口鼻侵入,邪入之后,直犯脾胃,影响卫气,形成表里同病。脾胃受邪,困阻卫阳,影响脏腑功能与气机升降,而发生气分证候。湿热留恋气分,又能弥漫三焦,波及他脏。中气盛衰决定湿温后期湿从燥化或湿从寒化两种转归。叶天士在《温热论》中提到"在阳旺之躯,胃湿恒多,在阴盛之体,脾湿亦不少",指出湿温病湿热的转化与人体脾胃中阳盛衰密切相关。湿热的后期,中阳旺者,湿从燥化,导致热盛,亦可深入营血,出现斑疹、昏厥等症,尤其多见热盛迫血妄行,造成气随血脱的危候;中阳不足,湿困日久,更损阳气,形成阳虚则寒的证候,有脾胃阳虚,病缠日久,亦可导致肾阳虚衰,水湿内盛。

　　陈绍宏认为患者因感受外湿入里,脾胃受邪,困阻卫阳,使卫阳失于温分肉、充皮肤、肥腠理、司开阖的功能,影响脏腑功能与气机升降,而发生气分证候。藿朴夏苓汤出自《医原》,能宣通气机,燥湿利水,主治湿热病邪在气分而湿偏重者。方中藿香、薏苡仁、厚朴、白豆蔻芳香化浊,健脾利中;厚朴、半夏燥湿运脾,运化水湿;苍术理气燥湿,使气机畅达,脾健湿除;再用紫苏、苦杏仁疏表宣肺于上,宣通水之上源,则湿随气化;茯苓、淡竹叶、滑石淡渗利湿于下,使湿热从小便而去;焦山楂、建曲健脾和胃。全方开上、畅中、渗下,宣化表里之湿邪,使湿去气通,布津于外,自然汗解。

(二十四) 复发性口腔溃疡

患者刘某,男,28岁,2011年11月21日就诊。

主诉:反复口腔溃疡1年,复发加重1个月。

初诊:患者平素身体虚弱,近1年反复出现口腔黏膜破溃,溃面周围红肿,疼痛。患者院外自行口服药物(具体用药不详)后缓解。此后上述不适反复发作。1个月前,患者上述症状再次复发,其间曾多次服用"清热泻火之剂",并配合服用麦迪霉素片等西药罔效。刻下症见：神志清楚，精神差，形体适中，面色萎黄，口腔内可见多处皮肤破溃，周围不甚红肿，局部灼热疼痛，不思饮食，睡眠可。大便溏。舌红，苔薄白，脉浮细。

中医诊断：口疮。

西医诊断：复发性口腔溃疡。

辨证：风温初起。

治法：解表祛邪。

方药：荆防败毒散加减。

荆芥 15g	防风 15g	羌活 15g	独活 15g
白芷 15g	细辛 6g	川芎 15g	枳壳 15g
茯苓 15g	桔梗 15g	生甘草 10g	

煎服法：3 剂，水煎煮，沸后 10 分钟左右取汁，1 日 1 剂，1 日 3 次，每次 150mL。

二诊：患者诉溃疡周围充血、局部灼热疼痛明显缓解，面色萎黄，不思饮食。舌红，苔薄白，脉沉细。

辨证：脾气亏虚证。

治法：益气健脾。

方药：参苓白术散加减。

生晒参 30g	炒白术 30g	茯苓 30g	山药 30g
莲子 30g	炒白扁豆 30g	薏苡仁 30g	桔梗 15g
陈皮 15g	砂仁 15g	炙甘草 15g	大枣 15g

煎服法：5 剂，水煎煮，沸后 20 分钟左右取汁，1 日 1 剂，1 日 3 次，每次 150mL，饭后半小时温服。

三诊：患者口腔溃疡面愈合，精神好转，饮食增加。嘱其继服 10 剂以巩固疗效。随访 1 年未见复发。

按： 复发性口腔溃疡属中医"口疮""口糜"等范畴。《素问·气交变大论》曰："岁金不及，炎火乃行……民病口疮，甚则心痛。"《素问·至真要大论》曰："诸痛疮痒，皆属于火。"可知"火"是口疮发病的基本病机。本病与多脏腑功能紊乱有关，无论外感或内伤，凡火热之邪均可循经上炎，熏蒸口舌，发为口疮。

《外科正宗·大人口破》曰："口破者，有虚火、实火之分，色淡、色红之别。"口疮有虚火和实火之分。实火者，诸经之热，皆应于心，心火上炎，熏灼于口，则口舌生疮。脾虚生痰，痰火互结，上炎于口，亦生口疮。虚火者，肺肾阴亏，虚火上炎于口，也发口疮。

陈绍宏认为本案患者为"虚火"型口疮，患者脾气亏虚，中气不足，虚火上扰引起口疮。其以脾气亏虚为本，故见精神萎靡，面色萎黄，舌红，苔薄白，脉沉细。脾胃虚弱，正气不足，风温邪毒侵袭人体，故见创面周围红肿疼痛加剧。缓则治其本，急则治其标，故先祛其邪毒。《医宗己任编》云："治时毒病颐颌肿者，即俗名蛤蟆瘟是也，又名痄腮。先用败毒散微汗之。"荆防败毒散功擅发汗解表，扶正祛邪，消疮止痛，主治疮肿初起，红肿疼痛，恶寒发热，无汗口不渴。荆芥、防风、羌活、细辛、白芷、独活、川芎发汗解肌，祛风除湿；前胡、枳壳除气行痰；桔梗载诸药上行；甘草调和诸药。患者邪毒犯表，故见局部红肿不甚，疼痛，而全身症状不显。《温热论》云："盖伤寒之邪留恋在表，然后化热入里，温邪则热变最速，未传心包，邪尚在肺，肺主气，其合皮毛，故云在表。在表初用辛凉轻剂。夹风则加入薄荷、牛蒡之属，夹湿加芦根、滑石之流。或透风于热外，或渗湿于热下，不与热相搏，势必孤矣。"辛能宣郁，凉可清热，因邪毒在表，用"辛凉轻剂"可散去邪毒，在表之邪毒尽去，不与里"热"相合为病，热自去。故荆防败毒散用之则可祛散表邪。表邪尽去，当以益气健脾之法固护其虚弱之脾胃。

脾胃为后天之本，脾主升清，胃主降浊，脾胃功能失司，清气不升，浊阴不降，气机郁滞，郁而化火，火性炎上，上犯于口，故见口腔破溃，红肿疼痛。参苓白术散源于《太平惠民和剂局方》，有益气健脾之效，用此方使脾胃功能恢复，升降平衡，气机调畅，虚火自消。脾胃者，土也。土为万物之母，诸脏腑百骸受气于脾胃而后能强，足以证明因脾虚失运所致疾病之广。《素问·经脉别论》云："饮入于胃，游溢精气，上输于脾，脾气散精，上归于肺。"陈绍宏认为脾主散津，脾虚不能散津则可导致眼干、鼻干、口干、阴道干涩为表现的自身免疫性疾病，脾失运化则可导致口疮、便秘等疾病，诸病虽表现各有不同，但致病原因均为脾胃功能失司，运化无力，通降失常。所以陈绍宏根据中医的辨证论治原则，抓住各种疾病的核心病机，则可异病同治，可不受中西医病种所限，临床上这样的实例屡见不鲜，这也是中医辨证的"执简驭繁"的验案。

（二十五）痛经

患者丁某，女，19 岁，2008 年 3 月 10 日就诊。

初诊：患者平素喜食冷饮，13 岁月经来潮，月经周期为 35 ~ 60 天，经期 7 天，自初潮起，每每行经则腹冷痛，少腹尤甚，痛作隐隐，喜温喜按，得热则减，遇寒加剧，月经量多，经色紫暗，夹有血块，块下痛减。舌淡嫩边有瘀点、齿痕，苔薄，脉沉细涩。

中医诊断：经行腹痛。

西医诊断：痛经。

辨证：寒凝胞宫，宿瘀内结证。

治法：温经散寒，化瘀止痛。

方药：少腹逐瘀汤加减。

制香附 10g	小茴香 15g	艾叶 15g	桂枝 10g
没药 10g	川芎 15g	炮姜 15g	炒蒲黄 15g
醋五灵脂 10g	赤芍 15g	醋延胡索 15g	吴茱萸 15g
细辛 3g	桑寄生 15g	鸡血藤 15g	

煎服法：6 剂，水煎煮，沸后 20 分钟左右取汁，1 日 1 剂，1 日 3 次，每次 150mL。忌生冷，加强保暖。

二诊：患者月经将至，少腹不舒，疼痛较前减轻，冷痛不甚，乳房胀满不舒。舌淡，苔薄，脉细弦。原方加用夏枯草 15g、白芷 15g、柴胡 15g。6 剂，煎服法、将息法同上。

三诊：患者月经量适中，血块较前明显减少，腹冷痛消失，经色红。舌淡、边有齿痕，苔薄，脉细。此为寒凝血瘀已去，伴有脾虚气弱，合用参芪四物汤补养气血，坚持治疗 2 个月经周期而愈。随访半年未见复发。

按： 本病在中医属"经行腹痛"的范畴。其病因比较复杂，张仲景《金匮要略·妇人杂病脉证并治》曰："带下、经水不利少腹满痛。"主要发病机制为经期或行经前后受到各种致病因素的影响，加上体质因素，导致冲任、胞宫气血阻滞，"不通则痛"，或冲任胞宫失于濡养，"不荣则痛"。《景岳全书·妇人规》云：

"经行腹痛，证有虚实。实者或因寒滞，或因血滞，或因气滞，或因热滞；虚者有因血虚，有因气虚。"可见本病分虚实两端，亦有虚实夹杂者，实者多由气滞血瘀、寒凝血瘀、湿热瘀阻导致子宫气血运行不畅而"不通则痛"；虚者主要由气血虚弱、肾气亏损导致子宫失于濡养而"不荣则痛"。而腹痛多发生于经前、经期、经后，这是由于月经前后，血海由满盈状态变为泻溢状态，气血由盛实状态而变成骤虚状态，胞宫、冲任二脉气血发生急剧变化，容易受到致病因素的干扰，加上患者体质等方面因素的影响，导致胞宫、冲任二脉气血运行不畅或失于濡养而痛。治疗上以调理子宫、冲任气血为主，同时分寒、热、虚、实进行辨证治疗，本着"虚则补之，实则泻之"的原则，或行气活血，或温经散寒，或清热祛湿，或补气益血。

本案中患者平素喜食冷饮，经行少腹冷痛，得热则减，月经量多，经色紫暗，夹有血块，无明显倦怠乏力、面色萎黄、少气懒言等气血不足之象，经行腹痛虽有"不荣则痛""不通则痛"之分，但本案中患者属寒凝血瘀，闭阻胞宫证。患者块下痛减，与中医"不通则痛"的思想相吻合，而舌淡，边有齿痕，苔薄，脉沉细涩，为久病致正气损伤，此为虚实夹杂之象，选方用少腹逐瘀汤加减，取其温经散寒，化瘀止痛之功，诚如《素问·调经论》曰："血气者，喜温而恶寒，寒则泣不能流，温则消而去之。"少腹逐瘀汤出自王清任《医林改错》，由当归、川芎、赤芍、蒲黄、五灵脂、没药、延胡索、小茴香、干姜等组成。方中当归、赤芍、川芎为主药，养血调经，活血化瘀，当归乃阴中之阳药，血中之气药，配合赤芍行滞调经，具有养血活血，行气通瘀调经；辅以五灵脂、生蒲黄、延胡索、没药通利血脉祛瘀止痛而推陈致新，其中延胡索、没药散结气通血滞，消肿定痛，祛腐生肌；延胡索为气中血药，善行气活血，气行则血行，通则不痛，为止痛要药，四药相配共奏散结定痛，祛瘀生新之功。小茴香、干姜为佐药，温经散寒除湿，理气止痛，并能引诸药直达少腹，全方组合具有温经散寒，活血化瘀，消肿止痛作用。王清任认为少腹逐瘀汤"能将子宫内瘀血化净……效不可尽述"，有"去疾、种子、安胎"的功效，故有"种子安胎第一方""种子如神"之说。现代药理研究表明少腹逐瘀汤具有抗炎、镇痛、抗凝、解痉等作用，广泛应用于治疗血瘀寒凝停积少腹所致妇科诸症。

学术思想

川派中医药名家系列丛书

陈绍宏

一、尊重历史，学习别人

　　中医急危重症学（急症学）是以病因、病机学说为方法论，结合临床研究急危重症，以掌握疾病发生发展规律，对疾病进行诊断、辨证、救治的临床学科。中医急危重症学源于春秋战国时期，最早记载见于《黄帝内经》，书中对一些常见急、危、重疾病，如热病、厥证、厥心痛、腹痛、中风、血证等的症状、诊断、分类、救治方法进行详细的论述，总结了先秦以前的急危重症理论，为后世中医急症学的开创奠定了理论基础。东汉张仲景在《伤寒杂病论》中详细记载了热病、胸痹、黄疸、疟疾、痉证、厥证、阳气暴脱等急症的临床表现、辨证论治规律，并首次较为详细地叙述了"心肺复苏"操作方法，与西医学"心肺复苏术"大同小异。该书不仅创立了以"六经辨证"与"脏腑辨证"为核心的辨证论治诊疗体系，倡导阳气为一身之本的扶阳理论，也为中医诊治急危重症疾病创立了准则与规范，直接促进了中医急危重症学的发展，是中医急危重症学发展史上的第一次质变。东晋时代，葛稚川所撰写的《肘后备急方》，是我国历史上第一部关于中医急症的著作。书中对天花病、恙虫病、疥疮等传染病的描述都属于首创，对心痛、腹痛、霍乱、中风、中毒等疾病的诊治进行了详尽的叙述，其提倡用狂犬脑组织治疗狂犬病的治疗方法，被认为是我国医学免疫法的萌芽。唐代孙思邈在《备急千金要方》一书中记载了采用口对口人工呼吸治疗呼吸骤停、导尿术治疗急性尿潴留、消灭病原治疗血吸虫病、鲜青蒿汁治疗疟疾以及新生儿脐风、瘿病、雀目等的预防、诊治策略，在世界上达到了领先水平。至明清时期，温病学说兴起，将外感热病的研究从以理论为主，推向以临床研究为主的舞台。该学说提出了"卫气营血辨证""三焦辨证"，成功弥补了既往中医对热病诊治的不足。对急性热病、谵妄、神昏、发斑、血证等疾病提出了详尽的辨证救治方法，直接促进了中医热病学说的发展，是中医急危重症学发展史上的第二次质变。19世纪末，随着帝国主义列强的入侵，中医学的地位开始受到西方医学的动摇，中医急危重症学的发展也受到了西方医学的强烈冲击。西医学通过现代科学技术，逐渐认识了疾病发生的主要病因、病理生理学机制，能够对疾病的症状、体征做出合理的、科学的、详尽的解释，并能依靠现代科学技术协助诊断疾病，提供疗效好、见效快的药物。特别是在抢救急危重症时，西医学具有诊断清楚、救治迅速、手段先进多样、见效快、成活率高等优势。因此，中医急危重症学的地位一落千丈。1929 年，国民党政府提出"废止旧医"的议案，使中医学，乃至中医急危重症学的生存陷入了岌岌可危的窘迫境地，中医学的发展仅仅局限于民间层次。一大批有识之士，为了发扬中医学、中医急危重症学，做了很大的尝试，其中声名远扬，影响较大的为"中西医汇通"学派，该学派倡导"中体西用"，认为中、西医理相通，西医学能够证明中医学的科学性。然而，该学派没有真正地认识到中、西医两种医学体系的根本区别，进而没有能够正确处理两种医学之间的关系，最终逐渐没落。中华人民共和国成立后，党和政府非常关注中医药的发展，在全国各地陆续建立了中医学院。1954 年，国家对正在北方肆虐的流行性乙型脑炎进行中医药辨证救治，并取得了十分显著的疗效，这也是中华人民共和国成立后，中医在急危重症领域第一次成功的尝试。至此，中医急危重症学进入一个新的理论实践积累时期。改革开放后，20 世纪 80 年代初期，全国各地相继成立了中医急危重症学组织机构，创办了急症学术刊物，举办了一大批学习班，全国中医医疗系统急诊科、急危重症科相继建立起来，一大批中西医结合急危重症专家涌现出来。王永炎、陈可冀、黄星垣、任继学、石学敏、王今达等专家创立了许多新的学术思想，提出了"毒邪理论""菌毒并治""醒脑开窍"等特色学术理论。中医急危重症学的发展进入了黄金时期，中医、中西医结合救治急危重症的水平得到大幅度提高。纵观中医学发展的兴衰史，中医学之所以能够在两千余年的大风大浪中稳稳走来，皆归功于中医在治疗急危重症疾病方面的不断进步。可以说中医急危重症学的发展史是中医学发展史上最精髓的部分，其足以代表中医的发展史。

疑难杂病，在中医学中又称为疑难杂症、奇难杂症等，是指疾病症状奇特、中西医诊断不明确、久久治疗不愈或无效的疾病。此类疾病的主要特点：病证复杂，难以诊断；虽经诊断，救治不效；稀奇罕见，难以入手；病情危重，脉症矛盾。自古以来，疑难杂病一直是诸位医家探讨的热点，对疑难杂病的诊治使中医学理论在每个朝代都有所创新与发展，推动了中医学学术、提升了临床诊治能力。

《黄帝内经》中虽然没有明确提出疑难杂病的概念与独特论治方法，但其通过运用阴阳藏象学说、病机理论、整体观等内容，论治各类疾病，反映诊治思路。这不仅创立了中医学矩尺，也为中医学中疑难杂病的诊治提供了理论基础。张仲景所撰《金匮要略》被后世誉为"方书之祖、医方之经"，甚至有学者称之为"辨治疑难杂症的专书"，书中常见病症多为虚实寒热错杂、病机复杂且治法相克、症状隐匿、疑似、非典型，通过对复杂病症的辨证论治，该书使疑难杂病的诊治思路变得更加清晰，初步形成了中医学疑难杂病的特色诊治理论。特别是，书中载"病人胸满，唇痿舌青，口燥，但欲漱水不欲咽，无寒热，脉微大来迟，腹不满，其人言我满，为有瘀血""腹满，口舌干燥，此肠间有水气"为后世，"怪病多为痰作祟，久病顽疾多痰、瘀"提供了理论依据和诊治准绳。金元四大家中，刘完素不仅提出了"六气皆从火化"的火热致病说，在此基础上，还提出了"郁结""玄府气液说"等学说，为疑难杂病的诊治提供了新的思路；张从正提出"病由邪生，攻邪已病"的攻邪学说，倡导疏通气血，则疾病自除，并在中医心理学方面具有独特的理论，提出"痰迷心窍"学说，为后世所重视；李东垣创立"甘温除大热"与"风能胜湿"的理论诊治疾病；"滋阴派"朱丹溪提出了"痰夹瘀血"理论指导顽固性疾病的治疗，标志着痰瘀互结理论的形成。直至清代，温病学派的兴起使温病的诊治水平得到质的飞跃，中医学在发展史上出现了第二次质的飞跃。这样就使中医药诊治疾病的范围不断扩大，中医对疾病的诊治思路也愈来愈多，疑难杂病也逐渐减少。然而，近百年来，随着西方医学涌入，西医学使许多疾病的诊断得以明确，治疗也更加高效与科学。特别是，现代检验医学、影像医学等的发展，使以往许多疑难杂病逐渐得到明确的诊断，但许多疑难杂病经过治疗仍未见效，且随着诊断技术发展、疾病谱的扩大，疑难杂病也越来越多。医学科学技术经过近几十年的高速发展，医学实践不断深入，西医学的弊端日渐突出，许多疾病仍然无法从根本上治疗，或根本无法治疗，中医治疗疑难杂病又重新为人们所重视。在新时期，陈可冀提倡从古方中寻找疾病的治疗方法，倡导"活血化瘀"治疗疾病的学术思想，并注重运用现代科学技术开发与研究中医药，使许多疾病得到了诊治；王永炎、吴以岭等提出了"络病"学说，强调结合西医病理生理学，提出"瘀""毒""虚"的理论；朱良春善用虫类药物治疗久疾、顽疾，倡导祛邪不伤正，扶正以祛邪；周仲瑛在治疗疑难杂病时强调运用脏腑辨证，重视病机分析与病理因素学说，治疗上讲求医理与药理相结合，善于变通；路志正在运用经方理论的基础上强调重视中医药现代药理学成果、整体辨证与调理脾胃治疗疑难杂病；麻柔善用雄黄治疗血液系统疾病，讲求"衰其大半而止"；姜春华提出"截断扭转""先证而治"的辨证思想治疗疾病。

然而，在救治急危重症与疑难杂病时，疗效性才是关键、重要的。从另一方面来说，中医理论的先进性，也能从实际疗效中得到论证。邓铁涛教授认为：中医学是在正确哲学理论指导下的一个多学科的产物。其中，典型的代表是我国古典哲学思维下的"取类比象"和"推演络绎"思维法，其能够正确揭示事物的发展变化方向。因此，是具有科学性的。可以说，中医治疗急危重症、疑难杂病的先进性是由中医的良好疗效体现的。

二、"通至邪出"学术思想的形成与发展

陈绍宏从事医疗、教学、科研工作 50 余年，怀博采众长之心，涉猎群书，刻苦钻研，孜孜不倦，具有深厚的学术造诣。通过对急危重症、疑难杂病的大量临证实践，逐渐形成了"通至邪出"治疗急危重症和疑难杂病的独特学术思想。其核心强调急危重症和疑难杂病总以"邪气有余而发病"，在治疗全程讲求祛邪为要务。根据急性感染性热病、急危重症、疑难杂病的疾病类别、各自特点与主要病理生理学的不同，"通至邪出"学术思想主要分为以下四大部分：①"以通为用"治疗急性感染性热病 / 急性炎症；②"西学中用""病证结合"治疗急危重症；③基于外科理论治疗内科病，采用外科方治疗内科病；④善用毒药－引经达邪，祛邪外出。

陈绍宏辛勤耕耘半个世纪，除倡导传统急症八纲辨证、伤寒六经辨证、脏腑辨证、辨病与辨证相结合、温病理论治疗热病与传染病、重症感染急性虚证等学术思想理论外，还曾先后提出中风病"虚瘀痰火风"理论体系、"内痈"成毒，"阴疽"成瘀等学术思想理论。然而，能将诸学术思想理论贯穿、集中代表陈绍宏半个世纪医学生涯、学术影响最大的当属"通至邪出"思想理论体系，它是陈绍宏 50 多年临床工作的结晶。该思想的形成先后经历了两个重要阶段：从传统中医理论认识、诊治疾病，形成了具有川派中医特色的中医理论、诊疗体系；再

到基于"衷中参西""西为中用",从西医学认识、救治疾病,并进一步寻找中、西医两种医学的连接桥梁,将两种医学连接、融汇起来。

(一)从中医理论认识疾病

自 20 世纪 80 年代初至 90 年代初,在传统中医辨证论治理论的基础上,陈绍宏先后提出了"辨证精准,尤重望诊、问诊",以及"辨病与辨证相结合"的中医特色诊断理论、"专病专方"治疗理论。其核心即为"病证结合",标志着陈绍宏学术思想的初步形成。陈绍宏强调运用传统中医学理论进行精准辨证、识证,辨证的准确率直接决定了疾病的救治成功率。而进行精准辨证的前提是具有扎实的中医基本功。因此,陈绍宏尤其重视对中医基本理论知识的掌握情况。在四诊中,基于急危重症患者受就诊方式、疾病严重等问题的影响,陈绍宏尤其重视望诊、问诊。望诊能够迅速分别疾病的阴阳、虚实、寒热,从大体上把握对急危重症的救治原则;快速、有重点的问诊,能够迅速收集急危重症患者病情,简明扼要掌握患者疾病的演变趋势,预测疾病发展方向。对于疾病的诊断,陈绍宏强调中西医互参,认为辨病当首辨西医病名,西医诊断能够从疾病的发生机制、临床表现、并发症、预后等诸多方面揭示疾病,相比于中医基于症状的病名诊断,西医诊断能够使医生了解更多的疾病情况,更具科学性、合理性。在临床中,陈绍宏发现,无论是急危重症患者还是普通患者,疾病的发展和演变确实都有一定的规律可言,疾病的演变趋势都朝着某个固定的方向进行转化,对于不同的疾病有着各自独特而固定的规律可循。因此,陈绍宏提出了专病专方救治理论,强调辨病选方,随症加减的治疗方法,大大提高了临床救治效率,便于推广运用。总而言之,辨病是在长期临床实践中对疾病证候规律的总结,尤其是对其核心病机的分析,从而达到辨病论治、专病专方的目的。辨病论治是在对疾病辨证论治的基础上长期实践的升华,辨证是其基础,辨病是升华和提炼。

(二)基于"衷中参西""西学中用"思想认识疾病

我国医学发展已经进入了中医、西医、中西医结合三大医学的时代,三种医学的相互影响、相互渗透,使得中医学有了进一步的发展,辨证论治已经由宏观论治发展到宏观与微观并重;由单纯的辨中医之证,发展到辨中医之证与辨西医之病并重。对此，陈绍宏主张：当今的中医，不仅要学好四诊，辨中医之证，还要掌握现代诊疗技术和手段，辨西医之病，要善于取两者之长，为我所用，以扩大中医的研究范围，促进中医临床与学术发展。我国危重病急救医学的开拓者和奠基人王今达教授与陈绍宏亦师亦友。自 20 世纪 70 年代初，王今达教授提出了危重病急救医学救治的新指导思想，即"中医和西医在各自的发展中结合，在西医的优势中找不足，将中医的优势加进去，从而产生新的合力，提高急性危重病的治愈率，降低其病死率"。该思想的提出直接促成了陈绍宏走中西医结合、"西为中用"救治急危重症与疑难杂病的医学道路。20 世纪 80 年代，经过与王今达教授的不断探讨，特别是在王老"菌毒并治"理论的直接影响下，陈绍宏认识到：中西医发挥各自优势，取长补短，促进融合，产生新知，是中医急危重症应当发展的方向。此后，在国家中医药管理局的大力支持下，结合西医急危重症医学思想与急危重症医学临床实践，至 20 世纪 90 年代初期，陈绍宏"通至邪出"治疗急危重症与疑难杂病学术思想初具雏形。至 21 世纪初，逐渐成熟，形成了以下六个主要方面的内容。

1. 以通为用

"以通为用"，即是运用西医病理生理学对急性感染性热病的认识，结合中国古典哲学中"取类比象""推演络绎"的思维，基于中医外科学"痈毒"理论，将急性感染性高热辨作"痈"证；并强调辨别疾病的表里、寒热，注意辨病、辨证、辨热型一体化，而疾病多以热毒、寒毒为主要，或夹杂痰饮作祟；在治疗中，强调首先开启"痈毒"外出、消散的道路，尽可能地通透邪毒外出、消散，使邪从外得排、从内可消，大消殆尽，从而促进正气恢复正常运作；其次方为清解、泻下、透散、内托等导邪外出之法。特别是，陈绍宏认为邪毒聚集于局部，必多先发于某经，再次流窜肆虐。故治疗时，在专病专方理论的基础上讲求专方归经，力求药效猛攻，速速至达。

陈绍宏提出的"以通为用"思想是基于长期治疗急性感染性热病所提出的，本思想的形成主要经历了两个历史时期。第一时期：1968 年～ 20 世纪 90 年代初。1968 年，陈绍宏立志下恤，扎根藏区稻城，在稻城十年间，由于缺医少药、经济卫生条件落后，运用中医药救治疾病是主要的治疗手段。通过大量的临床实践与潜心研究古籍医案，陈绍宏认为：中医药治疗急性感染性热病具有稳定的退热作用，并且具有调整机体阴阳、促进感染性物质消散与排出等优势，但对于稍严重、重症感染的救治远远不及抗生素的效用。因此，陈绍宏指出，中医、西医治疗急性感染性热病各具优势，中医治疗本类疾病重在调整阴阳、畅通气血津液、消散与排出毒邪；西医治疗本类疾病的本质是杀菌、防止感染扩散。基于此，陈绍宏倡导"先中后西，能中不西，中西医结合"的急救医学思想。第二时期：10年后，应四川省中医药管理局、成都中医药大学的要求，陈绍宏调回四川省中医院工作。直至20世纪90年代初，经过对大量急诊、危重症患者救治，陈绍宏进一步认识到，发挥中医药的优势，将西医理论技术为我中医所用，走出一条中西医结合治疗急性感染性热病的特色道路势在必行。

2."西学中用"——西理中用

"西理中用"，即是不仅要善于运用传统中医学理论，结合病因学、病机学来对疾病进行辨证论治，更要把西医学中的病理学、病理生理学改变作为中医的症状，并运用中国古典哲学中"取类比象""推演络绎"的思维，与全息医学理论对疾患局部与整体、体内与体外的辩证认识，对微观的、具体的病理、病理生理改变进行分析、推导，从而得出新的证候；并且把疾病在当前发展阶段具有的关键性、本质性的病理学和病理生理学改变，作为中医的切入点，而中医药切入的关键在于导邪外出，使正气得复。西理中用强调对疾病病理学、病理生理学的认识，是对疾病正确、清晰、科学认识的客观需要，是西医学救治疾病的关键；全息医学强调疾病局部能够反映整体，体内必能表现于体外，这与西医学诊治疾病也是一脉相承的。因此，陈绍宏认为用全息医学理论能够认识微观的、隐匿的、局部的病理学、病理生理学改变，能够正确把握疾病的关键与本质，而结合中国古典哲学类比演绎思维，进一步将疾病中医化，赋予中医学的新认识。

3."西学中用"——西药中用

"西药中用"，即将西医及现代药理对中药的研究成果加以利用、参考，为中医诊治疾病的合理性与实效性提供可靠的科学依据，以利于更好地为临床诊治服务。陈绍宏认为，可以将中药的主要治疗成分制成药物制剂，也可按传统中医理论遣方用药，同时参考药理学知识，提高疗效。如王今达教授运用清热解毒，活血化瘀药物治疗脓毒症所引起的弥漫性血管内凝血取得了显著疗效，并进一步通过动物药理学试验发现了其药物对细菌内毒素的拮抗作用，于是有了著名的"血必净注射液"；通过现代药理学发现，附子、人参、红毛五加皮等药物具有强心利尿的作用，麝香、冰片具有扩张冠状动脉的作用，于是有了参附注射液、参麦注射液及麝香保心丸这一类的救急药品。

4. "西学中用"——西技中用

"西技中用"，即将西医的医学技术用于中医的临床诊治。陈绍宏指出，影像学、检验学、免疫学、核医学、内镜、介入医学等，这些技术在诊断上是具有明显优势的。通过它们，我们可以及早发现疾病，及早诊治，改善预后，提高存活率。西医学的强大之处之一就在于其技术的先进性。陈绍宏强调，在临床疾病就诊中，不分中、西医，只要能为我所用，救治疾病，就是值得运用的。

5. 基于外科理论治疗内科病，采用外科方治疗内科病

基于外科理论治疗内科病，采用外科方治疗内科病，即是运用中医外科学理论认识疾病的病理变化，并以中医外科学治疗原则为指导，结合中医内科学为辅，采用外科医方，辨证论治内科疾病。1963～1964年，陈绍宏师从四川射洪名医谢香全，谢老是当地有名的中医外科医生，师承家学，屡起沉疴顽疾，名噪一时。在临床中，谢老擅长运用荆防败毒散、仙方活命饮、五味消毒饮、四妙勇安汤、透脓散、阳和汤、象皮生肌散、白降丹、黑虎膏、金黄散、薏苡附子败酱散、王氏五逐瘀汤等中医外科名方治疗痈、疽、流注、痰核、乳蛾、走黄、内陷、发热、咳嗽、喘证、中风、暴聋等中医内、外科疾病。两年的跟师实践，让陈绍宏深入了解与学习了中医外科学理论的精髓与临床救治要点。同时，也使陈绍宏认识到外科学理论之于内科疾病是行之可为的，也为陈绍宏在以后的临床工作中，采用外科方剂治疗内科疾病，提出"中西并重"，倡导"以通为用""西学中用"的学术思想，提供了最初的思想源流，拓宽了临床思路。1968年～20世纪90年代初，在继承谢老学术思想、参阅古籍的基础上，经过前期以中医为主的救治实践与后期中西医结合治疗急诊与危重症、常见病的大规模临床实践，陈绍宏认识到，基于外科理论治疗内科病，采用外科方治疗内科病适用于多数临床常见病、急危重症以及疑难杂病。而其适用的疾病谱，是在陈绍宏"专病专方""病证结合""以通为用""西学中用"理论形成后，在其基础上才正式确立的。"基于外科理论治疗内科病，采用外科方治疗内科病"理论与之前的特色学术理论是一脉相承的，两者互相补充。

陈绍宏指出，外科疾病的病理多为气血凝滞、营气不从、经络阻塞、脏腑功能失调，与内科疾病有着相同的病理机制；外科疾病内治法讲求"消""托""补"三原则。"消"，即是使初起的外科疾病消散，不使邪毒结聚、走窜、发展或成脓；"托"，即是以补益和透脓托毒的药物，促使疮疡早日成脓、透脓、排脓的治法；"补"，即是用补养的药物，恢复其正气，助养其新生，使疮口早日愈合的治疗原则。该三原则皆认为邪毒存内只会导致疾病不断加重。因此，祛除邪毒，使邪毒通过一定的方式排出、消散，是治疗的前提和首要，只有邪毒消散，正气才会在正邪斗争中占据上风。对内科疾病而言，由于外科与内科疾病病理机制相同，故人体此时正气与邪气关系大抵无异。陈绍宏认为："病体常邪有余，而正偏弱，正偏弱，非正虚，实乃邪气旺，正气势弱。若顺势而为，导邪外出，则邪势渐衰，趁之内托补益，大显功效。"内科疾病虽病多在里，仍为邪毒作祟，故仍需导邪外出，首先使邪毒尽可能外出、消散，使正气尚未战而屈人之兵！

6. 善用毒药－引经达邪，祛邪外出

善用毒药，即是善于运用毒性中药治疗急危重症与疑难杂病。关于中药毒性目前有广义毒性理论与狭义毒性理论两种。广义毒性理论认为，但凡是药物都具有某种偏性、具有一定的毒性，没有毒性的药物是不存在的。正如张从正在《儒门事亲·推原补法利害非轻说》中所说："凡药有毒也，非止大毒小毒谓之毒。甘草、苦参不可不谓之毒，久服必有偏胜。"张景岳在《类经·五脏病气法时》中说道："药以治病，因毒为能，所谓毒者，以气味之有偏也……凡可辟邪安正者，均可称为毒药。"狭义毒性理论认为，毒性是药物对人体的毒害性，毒性反应是药物的不良作用引起的，是不同于药物功效的治疗效应。巢元方在《诸病源候论·解诸药毒候》中云："凡药物云有毒及有大毒者，皆能变乱，于人为害，亦能杀人。"国家颁布的《医疗用毒性药品管理办法》明确指出："医疗用毒性药品，系指毒性剧烈、治疗剂量与中毒剂量相近，使用不当会致人中毒或死亡的药品。"1961～1966年，陈绍宏先后师从著名中医学家吴棹仙教授、中医外科学家文琢之教授、眼科泰斗陈达夫教授、射洪名医谢香全先生，并私淑戴云波、邓绍先等名老中医。在各位中医大家的指导下，陈绍宏结合临床，集各家之所长，深入掌握了毒性中药的运用精髓。1968～1978年，陈绍宏立志磨砺，深入偏远藏区稻城工作。由于当地经济卫生条件落后，在对疾病的救治中主要依靠中医药。

在稻城 10 年时间，陈绍宏结合临床对一大批急危重症、疑难杂病，采用毒性中药进行治疗，取得了显著疗效，形成了一系列毒性中药使用心得。如：使用大戟、甘遂治疗脑出血，大陷胸汤治疗重症急性胰腺炎合并胸腔积液，雄黄治疗重型再生障碍性贫血、血小板减少性紫癜、顽固性荨麻疹，马钱子治疗急性、亚急性脊髓炎，乌附麻辛桂姜汤治疗雷诺现象，运用附子、乌头治疗的疾病数不胜数。在中药"十八反"中，常常使半夏、瓜蒌与乌头、附子同用。陈绍宏认为，急危重症往往邪气旺盛，邪气过盛则正邪隔绝，邪气越盛，正气越被抑制，最终导致阴阳离决、正气亡越。而一般情况下使用的"导邪外出"之法，并不能引导邪毒、开辟出路，反而激发邪毒，并与之剧烈相搏，才能起引药入经达邪，祛邪外出之功。故重症，只有使用猛药猛攻，才能顺邪毒之性；只有顺邪毒之性，才能开启出路，使邪毒外出。疑难杂病，多为久病、重病，邪气蛰伏而慓疾，正气不振，或蛰伏入络，正气尚疲，难以搜邪。故治疗时，只有使用猛药毒药，以毒攻毒，才能荡涤邪气根基，因势外导。

三、"通至邪出"的学术思想内涵

"通至邪出"治疗急危重症和疑难杂病学术思想是陈绍宏 50 多年临床工作的结晶，主要涵盖四大部分：①"以通为用"治疗急性感染性热病/急性炎症；②"西学中用""病证结合"治疗急危重症；③基于外科理论治疗内科病，采用外科方治疗内科病；④善用毒药-引经达邪，祛邪外出。尽管是针对不同类别疾患的特色学术思想理论，但都源于、衷于"通至邪出"的核心理论，即急、危、重、难病者，总以邪气有余而发病，以正气偏衰而有病。首要治疗原则为畅通营卫、经络、气血津液、脏腑，开启邪气外出、消散的道路。其次，邪气，简称"邪"。中医传统发病学理论将病因与邪气不加区分，认为邪气泛指各种致病因素，即所谓"三因"。正如《儒门事亲》中记载"夫病之一物，非人身素有之也，或自外而入，或由内而生，皆邪气也"，陈绍宏常云："邪积于内，不得透散，犹如脓成不决，邪无出路，愈发变本加厉。"故陈绍宏认为发病即有邪，急危重症和疑难杂病所受邪气更是大邪、剧邪、毒邪，邪气始终是导致急危重症和疑难杂病的主要矛盾，贯穿疾病全程。因此，在对疾病的全程治疗中，切忌随意补之，应始终以祛邪为主，或辅以扶正，助邪外出、消散，并极尽可能祛除邪气，以达"消""托""补"祛邪之意。特别是，对于疑难杂病，其邪气多入络，或缠绵，日久必生痰瘀。正如《丹溪心法》云："自郁成积，自积成痰，痰夹瘀血，遂成窠囊。"故治疗全程应强调化痰逐瘀。最后，邪气外出、消散之后，正气恢复，营卫、经络、气血津液、脏腑功能恢复，正气乘胜搜邪。

（一）"以通为用"治疗急性感染性热病／急性炎症的学术思想内涵

王今达教授是陈绍宏的合作伙伴，经过与王老长期的学术探讨与交流，王老的学术思想对陈绍宏治疗急性感染性热病/急性炎症的学术思想影响极大。陈绍宏结合50余年临床经验提出"以通为用"的思想指导急性感染性热病/急性炎症的治疗，即①急性感染性热病的病理生理表现为：细菌产物、内外毒素等影响机体免疫，并释放炎症因子，或直接影响体温调节中枢，导致发热的出现。因此，清除相关致病源是关键。结合中医学中"取类比象""推演络绎"的古典哲学思维，与全息医学理论对疾患局部与整体、体内与体外的辩证认识，以及对中医理论、临床表现、疾病演变趋势的认识，我们将这类致病源归于邪毒内侵范畴，按"痛毒"证论治，犹如"痛毒"内侵人体，流连往复于体内，病久病重，或"走黄"，或"内陷"。②及时、及早切入中医治疗，辨病、辨证、辨识热型相结合，辨证强调辨别表里、寒热，本病急性期多数为热毒，或夹杂痰饮之证，或为寒毒之属。③无论寒热，治疗的关键在于为邪毒外出寻找道路，顺势而为，让邪毒尽可能顺药性外出、消散，邪毒衰减愈多，气血津液愈能来复。病在上者，轻扬取之，或以下取之，有轻清疏散、通泻取下之法；病在下者，通导出之，有清解祛毒、泻下通导之法；病在表者，散而发之，有发表开腠、疏风宣肺；病在脏腑，与脏腑生理相合，导邪兼顾脏腑气化，有化痰、内托、内消、消托两用、温阳内托、清解消散之法；病在经络，专方入经，疏通气血，有清解化瘀、搜邪攻毒之法。专方入经，如急性胆囊炎、胆管炎，其病在胆经，选方黄连温胆汤加味乌梅，取其酸苦涌泄之意；急性肾盂肾炎，其病在肝经，选方龙胆泻肝汤，专走肝经清泻；面部带状疱疹，其病在表、上，选方川芎茶调散合三黄泻心汤，走表祛风，上病取下。④在治疗全程中，参考现代药理学研究成果，做到"药证相符"，为中医诊治的合理性与实效性提供可靠的科学依据。

（二）"西学中用""病证结合"的学术思想内涵

对急危重症的不断突破是打破阻碍中医发展瓶颈的关键。同时，为了在中、西医两种医学之间寻找合适的桥梁，提高临床救治疗效，促进中医急危重症学与世界主流医学接轨。陈绍宏结合 50 余年来对急危重症救治的临床反思，提出了"西学中用""病证结合"的中医急危重症思想，即①不仅要善于运用传统中医学理论，结合病因学、病机学来对疾病进行辨证论治，更要把西医学中的病理学、病理生理学改变作为中医的症状，并运用中国古典哲学中"取类比象""推演络绎"的思维，与全息医学理论对疾患局部与整体、体内与体外的辨证认识，对微观的、具体的病理、病理生理改变进行分析、推导，从而得出新的证候。并且在诊治疾病的全程中，必须强调西医辨病，与中医辨证相结合指导临床的原则。②介入中医理论的关键在于重要的病理生理改变。因此，把疾病在当前发展阶段具有的关键性、本质性的病理学和病理生理学改变，作为中医的切入点就变得尤为重要。③运用传统中医理论进行辨证，通过对疾病长期的观察和分析，总结出其核心病机，并依法采取相应的治疗原则与治疗大法，专病专方，随症加减，导邪外出，使正气得复。④在治疗全程中，参考现代药理学研究成果，为中医诊治的合理性与实效性提供可靠的科学依据，但现代药理研究必须与中医理论一致，即陈绍宏常说的药证相符。

（三）"基于外科理论治疗内科病，采用外科方治疗内科病"的学术思想内涵

陈绍宏师从著名中医外科学家文琢之教授、四川射洪著名中医外科医生谢香全先生，在两位老师的耳提面命下，陈绍宏深入掌握了中医外科学理论的精髓与临床救治要点。同时，谢老擅长运用中医外科学"消""托""补"三法治疗内科疾病，这一学术特色深入陈绍宏心中，也使陈绍宏认识到外科理论之于内科疾病是行之有效的。稻城十年，艰苦卓绝，经过参阅古籍，结合临床实践，陈绍宏坚定了外科理论能够用于指导内科疾病的治疗。后期，经过对大量急危重症、疑难杂病患者的救治与进一步学术探源，陈绍宏提出了"基于外科理论治疗内科病，

采用外科方治疗内科病"的特色学术思想。本思想是陈绍宏"通至邪出"学术思想的源头，是对前辈学术思想的传承与创新。同时，其也是"以通为用"与"西学中用""病证结合"学术思想形成的基础和核心。其主要内容：①基于中医外科学"气血凝滞，营气不从，经络阻塞，脏腑功能失调"的核心病机理论，践之于中医内科疾病，两者核心病机基本相同。②中医外科学讲求"初起消散邪毒""成毒扶正透毒"的初、中期治疗大法。核心思想为极尽可能，为邪气外出、消散寻找出路。若有邪毒，必极尽可能祛除。"病体常邪有余，而正偏弱。正偏弱，非正虚，实乃邪气旺，正气势弱。若顺势而为，导邪外出，则邪势渐衰，趁之内托补益，大显功效。"故无论外科、内科疾病其核心病机相同，治疗大法也可相同。③外科方剂虽组成简洁、目的明确，但也能用于治疗内科疾病。必要时可从内、外科两种诊治思维入手，提高疾病的临床救治疗效。

（四）"善用毒药－引经达邪，祛邪外出"的学术思想内涵

求学伊始，陈绍宏先后师从我国著名中医学家吴棹仙教授、中医外科学家文琢之教授、眼科泰斗陈达夫教授、四川射洪名医谢香全先生，并私淑戴云波、邓绍先等一大批名老专家。在侍诊中，常见各位老师使用毒性中药治疗急症、久疾、顽疾，疗效神速，效如猛虎。借此之机，在各位中医大家的指导下，陈绍宏结合临床，集各家之所长，深入掌握了毒性中药的运用精髓。在稻城十年时期，经济民生凋敝，加之稻城缺医少药的现状，陈绍宏反复参阅《伤寒杂病论》《神农本草经》《医宗金鉴》等古书，结合临床对许多急危重症、疑难杂病采用毒性中药进行治疗，常常效如猛虎。陈绍宏提出的"善用毒药－引经达邪，祛邪外出"治疗急危重症和疑难杂病学术思想主要内容：①急危重症的病理性质多为：邪气旺盛，致正邪隔绝，邪气愈盛，正气愈为邪气所制，最终正邪相决，正气亡越。此类邪气，只有取"同气相求"的用药原则，即邪气愈盛，更需毒药、猛药与其性相合，犹如细作潜敌，哗而变之，敌自先溃，奔走相逃。故治疗上急需毒药、猛药猛攻，一取交通阴阳、引药入经达邪之意，二则取邪气自然或吐，或下，或消，自寻出路而逃之理。②疑难杂病多为久病、重病、顽疾，其病理性质多为：邪气蛰伏而慓疾之性尚猛，正气不振，或蛰伏入络，正气尚疲，难以搜邪。此时，正气多不足，而邪盛难祛。因此，在顾护正气同时，需要猛毒之药搜刮经

络、脏腑。故治疗时，应使用猛药毒药，以毒攻毒，荡涤邪气根基，因势外导。

"通至邪出"治疗急危重症和疑难杂病学术思想是陈绍宏 50 多年学术和临床工作的结晶与总结，影响最为广泛。其中，"以通为用"治疗急性感染性热病 / 急性炎症是陈绍宏"通至邪出"学术思想在急性感染性炎症疾病方面的发展，初步形成于 20 世纪 90 年代初期。"西学中用""病证结合"治疗急危重症是陈绍宏"通至邪出"学术思想在急危重症方面的发展。该学术思想的形成，直接受危重病学家王今达教授"菌毒并治"理论的影响。从 20 世纪 80 年代初，陈绍宏提出西医辨病与传统中医理论指导下的辨证论治核心诊治思想，到 90 年代初期形成专病专方论治学说，成功将中医学基本原理与中医急症临床结合，是该理论的初步形成时期。从 20 世纪 90 年代初期至 21 世纪初，结合西医急危重症医学思想与长期急危重症疾病的临床实践，基于病理学、病理生理学、全息医学理论、药理学、医疗技术的飞速发展，陈绍宏提出"西学中用"，成功将中、西医两种医学体系结合，使中医学基本原理与西医学基本原理相融汇，标志该理论的正式形成。"以通为用"治疗急性感染性热病与"西学中用""病证结合"治疗急危重症是陈绍宏"通至邪出"学术思想的核心，也是陈绍宏提出"通至邪出"学术思想的基础。对疑难杂病的诊治，也是在此基础上建立的。"基于外科理论治疗内科病，采用外科方治疗内科病"与"善用毒药 – 引经达邪，祛邪外出"学术思想萌芽于陈绍宏跟师求学之年，形成于 20 世纪八九十年代，是对陈绍宏治疗急性感染性热病、急危重症与疑难杂病的重要补充，也是陈绍宏学术思想的最初源头，是陈绍宏 50 多年学术思想的根基。

陈绍宏提出的"通至邪出"治疗急危重症和疑难杂病学术思想不仅丰富了中医学的内涵，拓展了外延，还为中医急危重症学的发展指明了方向。"以通为用"的提出，促进了中医药治疗急性感染性热病 / 炎症疾病的发展，为中医药治疗炎症疾病提供了新的思路与发展方向；"西学中用""病证结合"的提出，促进了中医学、中西医结合医学与国际的接轨，力求让中医急危重症学赶上世界主流医学的脚步，让中医急危重症学不断发展。"基于外科理论治疗内科病，采用外科方治疗内科病"与"善用毒药 – 引经达邪，祛邪外出"的提出，促进了急危重症与疑难杂病学术思想的发展，源于古，而不拘泥于古，是经得起实践的医学理论。

川派中医药名家系列丛书

学术传承

陈绍宏

张晓云

张晓云（1953—　），四川省乐山市人，主任医师、博士研究生导师。1976年毕业于成都中医学院，师承全国名中医、中医急症学家、脑病学家陈绍宏，成都中医药大学附属医院大内科主任、急诊科主任，全国中医急症医疗中心主任，享受国务院特殊津贴专家，第五、六批全国老中医药专家学术经验继承工作指导老师，全国卫生计生系统先进工作者，全国医德标兵，四川省学术和技术带头人，四川省第三届十大名中医，四川省名中医，四川省有突出贡献优秀专家，四川省卫生系统先进个人。担任中华中医药学会急诊分会副主任委员、中华中医药学会脑病分会副主任委员、世界中医药联合会急症专业委员会副会长、中国民族医药学会急诊分会副会长、中国民族医药学会脑病分会副会长、中国医师协会中西医结合急诊专业委员会副主任委员、四川省中医药学会急诊专业委员会主任委员。先后担任高等中医药院校西部精品教材《中西医临床危重病学》，全国高等中医药院校研究生教材《中西医结合急救医学临床研究》，国家高等教育"十三五"规划教材《中医急重症学》主编，全国高等医药院校规划教材《中医急诊学》、全国高等医药教材建设研究会规划教材《中医急重症学》、全国高等中医药院校研究生规划教材《中医急诊临床研究》副主编。

张晓云全面继承和整理了陈绍宏治疗中风病的学术思想，即脑出血的基本病机为元气虚为本，气虚生瘀、血瘀生痰、痰郁化火、火极生风，制定出了治疗急性脑出血的中医诊疗方案，并带领团队将该方案推广到全国33家大中型医院，明显降低了急性脑出血患者的病死率、致残率，提高了患者的生存质量。

张晓云针对基层肺心病发病率高、病死率高的特点，带领团队联合攻关，完成了《肺心病急性发作期中西医结合综合治疗方案》的系列研究，认为肺心病急性发作期的基本病机为痰湿壅肺，肺气失宣，以肺脾气虚证、阳虚水泛证为其兼证，在治疗上以宣肺平喘，化痰止咳为主，兼以健脾益肺和温阳利水之法。同时，该项目作为四川省自中华人民共和国成立以来第一个国家卫生部十年百项工程面向全国推广，目前已在全国13个省、市、自治区推广，培训医师达2.5万多人次，降低了肺心病急性期的病死率，缩短了住院时间，减轻了患者经济负担，提高了患者生活质量。

张晓云在继承陈绍宏学术思想的基础上，扩展了研究内容，发扬了陈绍宏学术思想。张晓云临证多重视脾胃，以"调脾胃以安五脏"立论，善从脾胃论治肝胆脾胃疾病、情志疾病及疑难杂病等。她认为脾胃居中焦主运化，为气血生化之源，后天之本，乃一身气机升降之枢纽。脾胃健运，则水谷精微得以化生，运达周身，气机调畅，精神乃健；脾胃虚损，则气血生化乏源，气机壅滞，脏腑不安，正气不存，邪有所侵，进而变生诸疾。正如李杲所提出的"内伤脾胃，百病由生""脾胃之气既伤，而元气亦不能充，而诸病之所由生也"。此外，她认为咳嗽病当分外感与内伤不同，外感者，多伤于寒，头痛鼻塞、发热恶寒、咳嗽咳痰；内伤者，病因复杂，多初病在肺，肺咳不已则移于五脏，脏咳不已则移于六腑的传变规律。治疗原则上倡导初治必须发散但不可过于发散。若兼有火，治宜解表兼补肺气。针对久咳不已则提出必须补脾土以生肺金。治疗方药上多以川芎茶调散合止嗽散加减，每每多获奇效。盖肺体属金，畏火者也，过热则咳；金性刚燥恶冷者也，过寒亦咳。而川芎茶调散合止嗽散，药简力专，温润和平，不寒不热，既无攻击过当之虞，又有启门驱贼之势。是则客邪易散，肺气安宁。若妄用清凉酸涩之剂，必闭门留寇，贻害多多。

卢云

卢云（1972—　　），贵州省贵阳市人，祖籍重庆。1993 年毕业于北京中医药大学中医专业，并分别于 2000 年攻读中医急症学家张晓云硕士研究生，2003 年攻读中医急症学家、脑病学家陈绍宏博士研究生。中国中医科学院陈绍宏传承博士后，中医急症学家、脑病学家陈绍宏学术继承人，成都中医药大学附属医院主任中医师、急诊科副主任，成都中医药大学硕士研究生导师，四川省拔尖中医师，四川省中医药管理局学术和技术带头人，四川省卫健委有突出贡献中青年专家，四川省首届优秀中青年中医师，四川省医疗卫生系统先进个人，四川省首届"新时代健康卫士"，《成都商报》首届老百姓心中的"百名好医生"。目前担任国家中医急诊脑病中心负责人，中国民族医药学会热病分会副会长，中国中医药研究促进会急诊分会副会长，中国民族医药学会急诊分会副秘书长，中华中医药学会脑病分会常务委员，中国中西医结合学会急救医学专业委员会常务委员，世界中医药联合会急症专业委员会常务理事，中华中医药学会急诊分会委员，四川省中医药学会重症医学专业委员会副主任委员，四川省老年医学学会重症专业委员会副主任委员，四川省中医药学会急诊专业委员会常务委员。先后担任高等中医药院校西部精品教材《中西医临床危重病学》《内科危重病中西医结合诊疗对策》《中医内科学笔记图解》《黄帝内经笔记图解》编委。

在继承陈绍宏中风病学术思想的基础上，卢云提出"瘀血"为脑出血后脑积水的关键所在，认为本病核心病机总为：元气亏虚，气虚血瘀，瘀阻脑络，水湿积聚，其中尤以元气亏虚为本，瘀血、水湿为标，瘀血是中间病理产物，水湿积聚是最终致病因素；辨证多为脑内积水证、蓄水证、气虚血瘀水停证；治以复元醒脑，破血通络，利水渗湿，其中破血逐瘀是关键；治疗方案为中风醒脑口服液口服，联合大剂量丹参类静脉制剂静脉滴注，或联合水蛭、三棱、莪术等破血逐瘀药、茯苓、泽泻、牛膝等理水、引血理血药口服。此外，陈绍宏在临床中常用肺心病系列方剂治疗慢性阻塞性肺疾病、慢性肺源性心脏病，卢云在继承陈绍宏慢性肺病学术思想的基础上提出"审因论治，治病求本"。结合慢性肺部疾病的共同病理生理学改变与陈绍宏慢性肺源性心脏病核心病机论，她提出：慢性阻塞性肺疾病、慢性肺源性心脏病后期多以痰浊蕴肺，脾肾阳虚为主要证型，阳虚为本；治以温阳活血，宣肺化痰；选方：三拗汤合瓜蒌薤白半夏汤合桔梗汤加味制附片、生晒参、炙黄芪、丹参、地龙等；而原发性肺动脉高压也以虚为本，痰浊为标；其病机多为肺肾阳气虚弱，水停化痰，痰气阻塞；辨证多为肺肾阳虚，痰浊内蕴；治宜温阳益气，宣肺祛痰；选方真武汤合三拗汤加味黄芪100g、泽泻60g；痰液较甚者合瓜蒌薤白半夏汤、桔梗汤。对中风病与慢性肺源性心脏病的研究成果是陈绍宏临床与学术的精华所在，在继承陈绍宏学术思想的基础上，扩展了研究内容，发扬了陈绍宏的学术思想。

陈绍宏在临床中喜用阳和汤、透脓散治疗疮疡、痈疽、亚急性脊髓炎等外科疾病与疑难杂病。卢云根据中国古典哲学"推演络绎"之法，以及全息医学"有内必形于外"的理论，提出从"肺阴疽"论治肺泡蛋白沉着症，治以温阳内托，活血攻痰；选方阳和汤合透脓散加味，送服控涎丹治疗，在临床中取得了显著疗效。目前，我国学者采用中医、中西医结合治疗肺泡蛋白沉着症的文献记载实际共有6例。通过对6例病例分析发现：对于肺泡蛋白沉着症的辨证多与痰浊、瘀血、阴虚密切相关，选用方药多为除痰、活血、益气养阴之剂。而通过中医外科肺阴疽立论，辨证为阳虚痰瘀，基于外科方剂治疗本病的治疗实属首次。

不仅如此，卢云在临床中善用毒性中药、虫类（动物）药、矿物药治疗常见病与疑难杂病。如十枣汤治疗痰饮、胸腔积液、呼吸衰竭；控涎丹、礞石治疗痰证；僵蚕、蝉蜕、地龙治疗咳嗽、喘病，牡蛎、甲珠粉治疗喉痹，膈下逐瘀汤合水蛭、五灵脂治疗胰腺假性囊肿，附片、五灵脂、土鳖虫、甲珠粉、全蝎、蜈蚣治疗胰头癌，川乌、雄黄、龟胶、鹿胶治疗再生障碍性贫血等疾病。

川派中医药名家系列丛书

论文提要

陈绍宏

一、《经方治疗感染性高热的临床分析》(《中医杂志》1991 年第 6 期)

本文印证了陈绍宏不拘泥于常规，致力于研究和发扬中医经典，敢于运用仲景经方对于急症进行救治的临床经验，也为年轻一代的中医急症人树立了"中医不仅治病，更能救人"的从业榜样。

(一) 回归本源，经方论治

急性感染性高热是临床常见急症，在中医学属外感高热的范畴。对本病的处理，历代医家多以伤寒法灵活裁而治之，鲜少直接运用经方治疗外感热病。为了探索仲景学说及其方药在治疗外感高热（上呼吸道感染、化脓性扁桃体炎、肺炎、胃肠道感染、急性肾盂肾炎、急性菌痢、急性支气管炎、胆道感染、败血症等）中的学术价值和实用价值，陈绍宏通过临床预试发现"仲景虽曰六经辨证，其关键在太阳、阳明、少阴三经"，证型多为外感风寒（太阳病）、外感风热（太阳病）、热毒壅盛（阳明病）和湿热互结（阳明病）四个类型，而"大热、大烦、大渴、大汗出、脉洪大之白虎汤证罕见"，并以此为依据，在临床中直接运用经方原方辨证论治急性感染性高热患者 242 例。

(二) 中西对照，扬长避短，凸显中医实力

本研究中，陈绍宏对临床常见的感染性高热进行中医辨证，在治疗组中将所选病例进行严格分组并予以相应的经方论治：外感风寒证（30 例）予麻黄汤合葛根汤、外感风热证（30 例）予麻黄连翘赤小豆汤合桔梗汤、热毒壅盛证（30 例）予三黄泻心汤合栀子柏皮汤合薏苡附子败酱散、湿热互结证（32 例）予茵陈五苓散合栀子柏皮汤合千金苇茎汤。上述诸药制成浓缩煎剂，每次口服 30mL，每 6 小时一次，直至体温恢复正常，原发病痊愈为止。相比于对照组的纯西医治疗，在急性感染性高热的"开始降温时间及体温恢复时间、治愈率"方面，中、西药之间没有差异。在毒副作用方面，治疗组仅出现恶心呕吐、腹痛腹泻等轻度不

适，而对照组采用相应西医治疗后出现过敏反应、耳毒性损害，故对于急性感染性高热的治疗，中医治疗更显优势。

（三）证药相符，意理相合

陈绍宏对急性感染性高热治疗所选方均为经方组合而成，外感风寒证选方为麻黄汤和葛根汤，二方配伍，对于太阳病表实、表虚证均可应用。外感风热证用方由麻黄连翘赤小豆汤和桔梗汤组成，麻黄连翘赤小豆汤解表散邪，清热除湿，加桔梗汤涤痰利咽。方中麻黄是发汗解表、止咳平喘之圣药，虽其性味辛温，但随其配伍的不同可广泛应用于表寒证和表热证。热毒壅盛证用方由三黄泻心汤、栀子柏皮汤和薏苡附子败酱散组成，方中附子振奋阳气，辛热散结，可防止苦寒伤胃和收引敛邪之弊，用以反佐，可收相反相成之功。湿热互结证用方由茵陈五苓散、栀子柏皮汤和千金苇茎汤组成，栀子柏皮汤长于清泄里热，茵陈五苓散长于分利除湿，苇茎汤长于清肺化痰除湿。三方合用，清热化湿作用较强，对于湿重于热，热重于湿，湿热并重，病位在上、中、下三焦的湿热互结证均有治疗作用。

二、《参麦注射液治疗急危重症 680 例临床总结》（《中国中医急症》1997 年第 6 期）

该研究与《参附注射液临床应用验证报告》是陈绍宏急危重症和疑难杂病学术思想形成关键时期的重要临床实践，反映了陈绍宏强调急症用药简、便、效，以及结合现代药理学研究、现代药物研制技术创新中医药，实现"西药中用"的新时代中医急症发展要求。同时也反映了陈绍宏"病证结合"思想与"药证相符"理论的完美结合。

（一）样本量充足，方案严谨

参麦注射液是较早应用于临床治疗急症的中药静脉制剂。陈绍宏为探寻其在常见急症方面的疗效，带领团队使用参麦注射液治疗厥脱（各种休克）、胸痹心痛（冠心病心绞痛）、心律失常等内科急危重症共 680 例。研究中严格采用西医诊断疾病和疗效评估标准，按照临床观察的一般原则进行了病例选择：厥脱（各种休克）336 例、胸痹心痛（冠心病心绞痛）178 例、心律失常 166 例。通过对纳入病例进行辨证分组，陈绍宏结合临床经验，对不同疾病及同一疾病的不同情况制订了详细的用药方案，如"心绞痛发作时，用参麦注射液 40mL 静脉注射，心绞痛发作间期用参麦注射液 100mL 加入 10% 葡萄糖 100mL 静脉滴注，每分钟30 滴，每日 2 次，4 周为 1 个疗程"。

（二）分组分法探寻，有力指导临床

通过研究，陈绍宏发现，参麦注射液具有较明显的升压、稳压、改善组织供氧的作用，对中医辨证属气阴两亏证的轻中度厥脱疗效最好，对重度休克或阳气暴脱证疗效较差。同时陈绍宏还发现治疗的时机差异，"在休克早期疗效较好，休克时间持续越长疗效越差"。对于胸痹心痛，气阴两虚证疗效最好，气血亏损证也有一定疗效，痰浊闭塞证疗效则较差，从心绞痛类型上看，劳累型效果较好，而自发型较差。陈绍宏发现多数患者在用药 1 周后，发作次数、程度、活动量明显改善，4 周后心绞痛基本消失，这说明参麦注射液对胸痹心痛的中长效疗效较好，而速效治疗作用较差。参麦注射液对多种心律失常有较好的疗效，尤其对冠心病、心肌炎引起的室性早搏、心房颤动的疗效最好。研究过程中，陈绍宏还发现参麦注射液还可作为重要的支持疗法、增效减毒药物，对急危重症恢复期患者、老年及体弱患者、放化疗患者具有明显提高机体免疫力的作用，扩展了该制剂的应用范围。经研究，证实该制剂具有"质量稳定，安全无毒，应用前景广"的特点。

三、《鱼腥草注射液治疗急性感染性疾病 500 例临床总结》（《中国中医急症》1998 年第 4 期）

本文探寻了鱼腥草注射液治疗急性上呼吸道感染、肺炎、泌尿系感染的合理剂量，是陈绍宏"西药中用"学术理论指导中医急症临床的缩影。

（一）中医急症特色鲜明，以常见病为切入点

在国家中医急症用药政策的直接指导下，陈绍宏带领团队使用鱼腥草注射液治疗急性上呼吸道感染、肺炎、泌尿系感染且证属风温肺热证、湿热证者共计500例。研究中采用西医诊断疾病与中医辨别证候相结合的方法，按照临床观察的一般原则进行了病例选择。不仅符合陈绍宏"病证结合"的诊治理论，也与新时代的中医急症发展主题相符合，充分体现了中医急症在常见病方面的优势。

（二）探寻最佳剂量，有力指导临床

本研究共纳入500例患者，按疾病对研究对象分组后给予高、中、低三个剂量进行干预，治疗急性上呼吸道感染疗程共5天，治疗肺炎疗程共14天，治疗泌尿系感染疗程共7天，最终发现鱼腥草注射液治疗急性上呼吸道感染，每日使用80mL，分2次静脉滴注即可；治疗肺炎，每日使用200mL，分2次静脉滴注；治疗泌尿系感染，每日使用160mL，分2次静脉滴注。这样就使有效率、治愈率在得到保证的同时，医疗资源也得到合理分配。不仅如此，陈绍宏也发现"经鱼腥草注射液治疗后，患者开始降温的平均时间为4.3小时，平均体温降至正常时间为25.6小时"，该研究结果为感染性发热的治疗提供了治疗指导。

四、《参附注射液临床应用验证报告》（《中国中医急症》1999年第1期）

本文验证了参附注射液治疗心力衰竭、心律失常、支气管哮喘的临床疗效，为急症临床提供用药指导。

（一）重视中成药在中医急症中的应用

当代医学急速发展，人们对于中医的认识还停留在慢郎中、调理等方面，对于中医急症仍然持怀疑的态度，认为中医不可能在急救中占有一席之地。陈绍宏为打破固有观念，带领团队探寻中医药在急症中的应用。如参附注射液，源于中医传统方剂参附汤，是由人参、附片等中药提取制成的中药注射剂，现代药理研究表明其主要含有人参皂苷和乌头类生物碱等化学成分，人参皂苷能改善心肌能

量代谢，增强心肌收缩力；乌头碱具有拟异丙肾上腺素作用，中医学认为两药具有回阳、益气、固脱的功效。本研究中，陈绍宏选取充血性心力衰竭、心律失常、支气管哮喘患者共 202 例进行研究，充分体现了中医药在急症救治方面的独特优势。

（二）分组试验，结论可靠

本研究将纳入患者分为充血性心力衰竭组、心律失常组、支气管哮喘组。研究中，明确指出使用方法、剂量，如"室上性心动过速、病态窦房结综合征呈心房颤动或房性心动过速、频发期前收缩者，用参附注射液 40mL 快速静脉注射，2 分钟内注射完。每间隔 15 分钟 1 次，根据病情可连续应用 3 次"。通过研究得出结论，参附注射液在用于心力衰竭的治疗时，尤其适合于血压偏低、心肌收缩力减退或伴有休克的心力衰竭患者，如冠心病引起的心力衰竭。同时，陈绍宏指出对于血压高、阻力负荷或容量负荷增大的心力衰竭者，单用参附注射液则效果较差，故在临床上使用本药时，应严格评估患者病情，合理选择用药。在治疗心律失常方面，本药对于多种心律失常均有治疗作用，具有"适应范围广，无明显禁忌证、安全范围大"的优势。尤其适用于室上性心动过速，提出该药在快速静脉推注时疗效较好，最快在注射 3 分钟后即可转为窦性心律。该药既有抗缓慢性心律失常作用，又有抗快速性心律失常作用，因此可以用于治疗病态窦房结综合征、房室传导阻滞等缓慢型心律失常。

五、《中风病的病因病机心得浅述》（2009 年中华中医药学会内科分会中医内科临床科学研究专题研讨会）

本文虽然没有正式发表，但是反映了陈绍宏关于中风的学术思想及其对中风病因病机的认识过程。

（一）博采众长，探寻源流

中风是古代"风痨鼓膈"四大疑难症之一，中医学将其列为四大疑难病之首，存在着明显三高（发病率高、病死率高、致残率高），是临床中最为常见的急危重症。本病"以突然晕倒、不省人事，伴口角㖞斜、语言不利、半身不遂，或不经昏仆仅以口歪、半身不遂"为主要临床表现。因发病急骤，症见多端，病情变化迅速，与风之善行数变特点相似，故名中风、卒中。西医的急性脑血管意外，如脑梗死、脑出血等均属本病范畴。通过对相关古籍的研究，陈绍宏发现，对于中风病因病机的认识，历史上大体可分为两个阶段，唐宋以前多以"内虚邪中"立论，如《金匮要略》认为中风之病因为"络脉空虚，风邪入中"；唐宋以后，尤其是金元时期，则多以"内风"立论，如刘河间提出"心火暴甚"；李东垣认为"正气自虚"；朱丹溪强调"湿痰生热"。而当今学者关于中风的病因病机论述也颇有心得，北京学者提出"毒损脑络"病机；长春学者认为缺血性中风病机为血失气煦，血为之凝，凝则为瘀，血瘀痰生，热结、毒生，脑络脉瘀塞，损伤脑之神机；而出血性中风则为瘀毒积聚于脑；陕西学者认为"瘀血"贯穿疾病的始终，并以"肝热""血瘀"最为关键；天津学者倡导"气虚中络，络脉瘀滞"；山东学者认为环境污染，浊血污脑，或瘀滞不行，或溢于脉外，是中风的病机。

（二）独树一帜，脑病大家

陈绍宏在继承李东垣"正气自虚"及张景岳"内伤积损"学术理论基础上，结合自身临床实践，提出中风病核心病机理论："元气亏虚为本，气虚血瘀，血瘀生痰，痰郁化火，火极生风"，即所谓"虚、瘀、痰、火、风"，并依此制定"复元醒脑，逐瘀化痰，泄热息风"的治法指导中风病的临床实践。

1. 元气亏虚为中风病的基础

陈绍宏认为，随着年龄的增长，机体将出现衰退性的变化，主要体现在脏腑渐趋孱弱，气血津液阴阳渐趋衰少，功能渐趋衰退，再加上漫长的生命过程中情志劳倦伤病等的消耗，则人体元气逐渐亏虚。同时认为，正衰积损也是中年以后人群的突出病理特点，中风多发于中老年人，而儿童和年轻人很少发病，这就说明中风病的发生与元气亏虚密不可分，是其发病的基础。

2. 中风的病理因素主要是瘀、痰、火、风

在古代对中风的研究中，《丹溪治法心要》中提出"风、痰"的论述，王清任在《医林改错》中提出"气虚血瘀"的论述。陈绍宏通过总结历代医家经验，结合多年临床经验，提出中风的病理因素主要是瘀、痰、火、风。认为患者由于

年老体虚，脏腑、气血、津液功能下降，气机升降出入异常而气机逆乱；元气亏虚，血运无力而生瘀；脾、肺、肾运化、输布水液不利，气不行津凝而为痰。随疾病发展痰瘀日久，郁而化热，或五志过极，或水不涵木，致热极生风、肝阳化风，风火相煽，夹痰夹瘀上逆阻窍，发为中风。故风火相煽、气机逆乱是中风病急性发作中最关键和决定性的一环，是诸因素的最后共同道路。

3. 中风病理性质多属本虚标实

陈绍宏认为肝肾亏虚、气血衰少为中风病的致病之本，瘀、痰、火、风为发病之标，在疾病发生发展的各个阶段均以元气亏虚为本，在疾病之初以标实为主，随着疾病发展则出现明显正气亏虚，同时还指出本病"后期因正气未复而邪气独留，可留有后遗症"。

陈绍宏通过总结历代医家对于中风的论述，结合多年临床经验，总结出"元气亏虚为本，气虚生瘀，血瘀生痰，痰郁化火，火极生风"的中风病核心病机理论，这是陈绍宏数十年行医生涯重要的学术结晶。依据中风核心病机理论所制定的"复元醒脑，逐瘀化痰，泄热息风"的治法是对中风病研究新的突破。不仅如此，陈绍宏带领团队研制出中风醒脑口服液（前身为逐瘀化痰口服液），受到美国耶鲁大学、斯坦福大学神经病学家的高度关注，临床研究也表明该制剂对脑出血、脑梗死有很好的疗效，很多患者达到痊愈标准。

六、《中风醒脑口服液治疗急性脑出血临床研究》(《中国中医急症》2004 年第 12 期）

（一）敢为人先，实践脑病

急性脑出血是脑血管病中最严重的一种，具有高发病率、高死亡率及高致残率的特点，属于中医"中风病"的范畴，临床以突然晕倒、不省人事，言语謇塞，肢体活动不利，或无意识障碍，仅以嘴角、面部肌肉歪斜，部分肢体活动不利、感觉障碍等为主要临床表现。近年来本病的发病率逐年升高，对人类的生活质量带来了严重影响，西医治疗虽然有一定的疗效，但也带来相应的副作用、经济负担，患者长远预后较差。陈绍宏通过总结历代医家中风病经验，结合多年临床经验，总结出"元气亏虚为本，气虚生瘀，血瘀生痰，痰郁化火，火极生风"

的中风病核心病机理论，并依此制定了"复元醒脑，逐瘀化痰，泄热息风"的治则，创制中风醒脑口服液（前身为逐瘀化痰口服液）用于急性脑出血的治疗。本研究共纳入中、重型急性脑出血患者 247 例，随机分为治疗组、对照组，两组均予以常规西医治疗 28 天。此外，治疗组"口服或鼻饲中风醒脑口服液，每次30mL，每 6 小时一次，呕吐者采取高位保留灌肠"。西医治疗上禁用脱水剂、利尿剂、脑细胞活化剂等西药。

研究结果表明治疗组临床疗效优于对照组、治疗组血肿吸收情况优于对照组，且用药后副作用较小。故陈绍宏指出"西医常规处理基础上加用本品，可明显提高疗效，降低病死率，使血肿吸收及神经功能恢复情况显著改善"。为探寻该制剂的作用机理，陈绍宏带领团队进行动物试验研究，研究发现对于急性脑出血，中风醒脑口服液能明显降低实验性家兔的颅内高压，灌胃后 1 小时即起效，2小时颅内压达最低值，降低率为 32.06% ～ 56.34%，持续 6 小时无反跳；能显著减少脑组织含水量，减轻脑水肿；能明显促进实验动物脑血肿的吸收，使其出血灶吞噬细胞数增多，说明其有增强清除血肿和坏死组织的作用，有利于病灶的修复；本品还能使实验动物海马区神经细胞数及神经细胞内的 Nissl 小体增多，表明该制剂有保护脑细胞作用，增强脑细胞的生命活动和功能；能明显改善实验动物全血黏度、血浆黏度、全血低切还原黏度、红细胞刚性指数、红细胞聚集性、纤维蛋白原含量等异常血液流变学指标，有益于脑出血损伤后脑血流供应和加速组织修复。急性及长期毒性试验均提示该制剂无明显的毒副作用。同时，陈绍宏还发现该制剂对于出血量达危及生命的急性脑出血、合并梗阻型脑积水患者也有确切疗效。

（二）精益求精，回顾分析

经过长期的实验与临床研究，陈绍宏证实了中风醒脑口服液对于急性脑出血的治疗具有明显优势。但是，"使用中风醒脑口服液治疗急性脑出血的最佳时间窗如何？急性脑出血发病后何时开始接受治疗预后最好？"成为临床中使用中风醒脑口服液急需解决的问题。为此，陈绍宏团队通过回顾分析两项关于中风醒脑口服液治疗急性脑出血的随机平行、盲法、多中心、对照研究，并于 2005 年发表于全国中医脑病学术研讨会（《复方中风醒脑口服液干预急性脑出血治疗时间窗的临床研究》)。分析结果表明"在 0～72 小时的时间窗内，中风醒脑口服液可以降低急性脑出血患者 30、60 天的病死率，改善 90 天的生活能力；在 48～72 小时的时间窗内，中风醒脑口服液可以降低急性脑出血患者 60 天病死率，改善 90 天生活能力"。因此，陈绍宏指出，0～72 小时可能是中风醒脑口服液治疗急性脑出血的时间窗。而在 48～72 小时内治疗有效，提示在 0～72 小时的治疗时间窗内，稍微延迟的治疗对急性脑出血的结局更加有利，这可能与超急性期内血肿继续扩大，造成神经功能恶化有关。在 48 小时之后，再出血的概率很小，故神经功能的恢复也就逐步改善。

(三) 系统深入，不断探索

陈绍宏通过多年研究已证实中风醒脑口服液治疗急性脑出血的优势和用药时间窗，但由本病引起的脑积水临床上研究较少。通过前期临床观察发现中风醒脑口服液对个别梗阻型脑积水患者产生了良好临床疗效。因此，陈绍宏在前期研究上再出发，力求从中医寻找优势治疗脑出血后脑积水。

脑积水是脑出血后的常见严重并发症。研究表明脑出血后脑积水的形成不但会导致继发性脑实质损害，更会导致患者运动、认知、智力障碍及生活质量下降，目前西医治疗多以手术治疗为主，虽然具有一定的临床疗效，但也容易引发更多并发症。陈绍宏结合"瘀血阻络，脑窍不通，水湿停积"的脑出血后脑积水核心病机理论，于 2010 年在《中国中医药现代远程教育》杂志发表《中西医结合治疗脑出血后脑积水 28 例》。研究共纳入脑出血后脑积水患者 56 例，对照组 28 例予以西医内科治疗，治疗组 28 例在西医内科治疗的基础上加用中风醒脑口服液 25mL，每 6 小时一次，口服或鼻饲；丹参注射液 60mL 加 5% 葡萄糖注射液 100mL，每天一次，静脉滴注，两组疗程均为 15 天。结果发现治疗组脑积水程度与神经功能缺损积分在治疗后均有明显改善。

陈绍宏的研究表明，中风醒脑口服液对急性脑出血、脑出血后脑积水等具有良好的临床疗效。临床中，陈绍宏的弟子们还将该制剂广泛应用于急性脑梗死、眼科疾病、心血管疾病、妇科疾病、外伤疾病的诊治。目前，以中风醒脑口服液为研究核心的国际课题、国家自然科学基金、国家级课题、部省级课题已多达 20 余项。对于中医急症的探索是永无止境的，陈绍宏付出了大半生的心血研究急症脑病，用事实证明了"敢为人先"的中医急症人精神。

七、《如何用中医理论指导急症临床》（2012 年中国中西医结合学会急救医学专业委员会学术年会）

该文为中医急症临床实践提供了纲领性的准则。中医界参考西医学的做法，将中医急诊学（急症学）作为一个独立的学科提出来，有利于中医学的发展。中医急症在中医学的发展史上具有重要地位，陈绍宏认为"一部中医学的发展史就是中医急症的发展史"。几千年来，中医学形成了完整系统的理论体系，在没有西医学介入的漫长年代中，它在救治急危重症、保障中华民族的生命健康等方面起着不可磨灭的作用。没有急症就没有源远流长的中医学。陈绍宏对从事中医急症的弟子们有以下六点要求，这是作为一名中医急症医生的基本要求。

（一）全面系统地继承中医理论

中医急症学家任继学先生曾说："没有完整、系统地继承中医理论，就不会对疾病有一个正确的认识，也就不会有理想的疗效。"中医理论是一切的根源，只有夯实理论之后，才能更好地"察色按脉，先别阴阳，识得标本"，然后理论联系实践，提高中医临床疗效。陈绍宏指出，人的能力是有限的，对于中医理论的学习，各有侧重，无须全抓，起初可"死记硬背"。正如临床大家王宏图先生所言："条文都背不下来，怎么可能会用？"同时，陈绍宏通过多年临床经验明确指出必学、必记的理论《中医基础理论》中五脏的病理生理；病机 19 条；临床常用的 400 个方剂汤头歌诀；《伤寒论》六经提纲和有方剂的条文；《金匮要略》《温热经纬》《中药学》"，这为年轻医生学习中医理论指明了方向。陈绍宏认为，中医理论是为了更好的临床，临床医生应时刻谨记"实践是检验真理的唯一标准"，对理论的继承应面向临床，重视实践。陈绍宏还强调，在学习中医理论时，应该谨记"实践可以修正理论，中医理论的发展一定要适应社会需求，重视吸收现代科学技术方法"。

（二）规范中医术语，体现辨证意义

在当代医学飞速发展的趋势下，西医术语、各地方言、医疗压力等的冲击下，中医术语的规范使用受到影响。因此，在学习中医理论过程中，必须规范中医术语，不可人云亦云，生搬照抄，应根据医生该有的基本知识去判断、追问，以达到准确辨证，避免术语不清引起诊断、治疗不当。

（三）客观、真实地收集四诊

中医疾病的诊断是通过四诊合参而得，主要是通过医师的目测观察、语言描述、经验辨析来判断病证，但在收集四诊过程中常常会忽略其中细节。如望诊，所谓"望而知之谓之神"，望诊是最直观的，陈绍宏指出"医生从病人的神态、形体和某些特征性表现，可以了解疾病的性质与轻重"，但是临床工作中望诊常常会被忽略，以致漏掉重要的隐瞒的病史、辨证要点等。而闻诊也常被忽视，忽略掉患者的各种声音、气味，以致遗漏重要的信息，使辨证不准确。虽然问诊是临床医生最为熟悉的，是辨证的依据，但也是最容易出错的，受患者本身叙述和医生判断力影响，如对于患者诉"大便干"，临床医生往往不会追根溯源，依照自己思想直接记录"大便干结"，这往往会致辨证失误，故临床中应做到"四诊合参，不可人云亦云"。脉诊对分辨疾病的原因、推测疾病的原因、推测疾病的变化、识别寒热虚实的真假，都有一定的临床意义，但"切脉必须与望闻问诊相互参照，不能把切脉神秘化，以脉诊代替四诊，盲目夸大其诊断意义"。

（四）辨证求本

治病必须求本。本，就是疾病的本质。正确认识人体整体和局部的关系，是辨证求本的前提。中医学认为人体是一个统一的有机整体。因此，在辨证论治的过程中，不能孤立地、片面地去观察疾病症状。陈绍宏在治疗上重视"元气为本"，强调人体本身抵抗力、修复力等内在因素的作用，不可见病不见人。

扶正可以祛邪。如热病后期，气阴两伤，热邪未尽，不可一味清热，需用竹叶石膏汤，兼以益气养阴。在邪实时，祛邪可以扶正。陈绍宏曾治疗80岁老妪三叉神经眼支坏疽性带状疱疹，虽然有年老体衰，但抓住邪气盛则实，实者泻之，使用龙胆泻肝汤 3 剂而愈，邪气去则正气复。扶正与祛邪为矛盾的两个方面，临床应用要抓住主次，不可为了强调正气而延误了治疗时机。

辨虚实真假是辨证求本的重要内容。如临床常见的口干，若有发热、口干喜饮、大便干结、舌苔干燥少津，或有热病伤津液的病史，则可辨证为实热或者热盛伤阴。但如果口干不喜饮，舌苔有津液，则可能为气虚津液不能上承所致。此时使用沙参麦门冬汤可能无效，使用补中益气汤效果更好。如 40 余年前陈绍宏在四川射洪县实习时遇到一新婚男青年患对口疮病案，也是辨虚实真假典型的例子。若只看到疮疡的红肿热痛，而忽略了新婚阴精暗耗的病理基础，很可能辨为实热证，使用五味消毒饮合三黄泻心汤，当时是以仓廪散（人参败毒散加味黄连、陈仓米各 9g）愈之。

辨寒热真假也是辨证求本的内容之一。中医有热深厥亦深的论述，有"病人身大热，反欲得衣者，热在皮肤，寒在骨髓也；身大寒，反不欲近衣者，寒在皮肤，热在骨髓也"。此为鉴别寒热真假的条文（《伤寒论》第 11 条）。陈绍宏曾治疗一西医诊断为尿路感染败血症的女性患者，寒战高热 3 天，体温 40℃，得衣被不能缓解，无汗，面色潮红，肌肤灼热，精神萎靡，不思饮食，小便黄赤，大便不干结，舌质淡红，苔薄白有津，脉数。根据该患者喜近衣被、舌质不红绛、苔薄白有津等辨证为风寒郁表，热不外达。拟解表散寒，透热外达之法，方用川芎茶调散合仓廪散加减。药用：川芎 15g，荆芥 15g，防风 15g，白芷 15g，薄荷 15g，细辛 5g，茯苓 15g，羌活 15g，柴胡 15g，前胡 15g，炒枳壳 15g，桔梗 15g，甘草 10g，加入陈仓米一把，生姜一块如拇指大，切片共煎。嘱患者每次服用 50mL，每 30 分钟服用 1 次。当日下午 2 时开始服用，至晚上 8 时许，全身絷絷汗出，体温下降至 38℃。嘱患者少进糜粥，继服中药。第二日清晨查房，患者体温已降至正常，精神转好。继服 2 剂而愈。

（五）急症用药稳、准、狠

急症的特点是起病急骤、变化迅速。陈绍宏指出：对于急症，需要在最短时间内判断病情，抓住疾病矛盾所在，一要谨慎仔细辨证，二要果断大胆用药。做到"医者，行欲方而智欲圆，心欲小而胆欲大"，不可犹豫不决，选方用药时应"急症用药稳、准、狠"，不需要面面俱到。

（六）掌握现代科技方法

陈绍宏认为，中医学是在不断"现代化"的过程中逐渐形成的，《黄帝内经》时代、张仲景、金元四大家、清代的温病学派，以及清末民初的中西医汇通学派便是中医现代化的具体表现。继承是创新的基础，中医可以治疗急诊，但需要借鉴西医学技术和方法，取长补短、留人治病，扩展中医治疗病种的范畴，更好地发挥中医的优势，尤其是当西医治疗遇到矛盾时，这样方能走得更长远。

《如何用中医理论指导急症临床》是陈绍宏对每一名从事中医、中西医结合急危重症工作者的殷切期盼，也是陈绍宏结合数十年学习和实践经验的自身总结与传道授业之精华。

八、《中西医结合治疗肺心病急性发作期的临床疗效观察》（《时珍国医国药》2007 年第 3 期）

（一）致力肺病，攻克难点

慢性肺源性心脏病是临床常见病、危重病，是因肺组织或肺部血管慢性病变、肺循环阻力增加，肺动脉高压，进而引起右心室肥大，甚或右心衰竭的疾病，属于中医"喘证""肺胀"的范畴。患者常因呼吸道感染而引起加重，临床中以"畏寒肢冷，咳嗽咳痰，胸闷气促，爪甲青紫，甚至喘息不能平卧"为主要表现。西医治疗本病效果较差，患者死亡率居高不下。陈绍宏认为本病迁延、反复总因"肺、脾、肾三脏亏虚为本，痰饮、水湿、瘀血为标，再加之外感之邪乘袭，三者相互作用，使肺心病虚实夹杂、反复发作"。本研究通过采用随机、盲法、平行对照的方法，纳入证属"痰湿蕴肺，肺气不宣"肺心病急性发作期患者56 例，治疗组采用中西医结合疗法治疗 14 天（基本证型为痰湿蕴肺，肺气不宣；选用协定处方 1 号：麻黄、苦杏仁、法半夏、桔梗、甘草等；兼有肺脾两虚者选用协定处方 2 号：麻黄、苦杏仁、桔梗、木香、陈皮、党参、炒白术；兼有阳虚水泛者选用协定处方 3 号：麻黄、苦杏仁、法半夏、茯苓、桂枝、泽泻等）。研究结果表明：治疗 14 天后治疗组在咳嗽、咳痰、胸闷、发绀、水肿及血气分析改善方面均优于单纯西医治疗的对照组。陈绍宏指出，肺心病患者常因天气转凉或受凉而导致疾病加重，急性发作时属外寒引动内饮，寒邪闭肺，故治疗上应宣肺散寒，化痰平喘；麻黄辛温气薄，肺家专药，走太阳，能开腠散寒；杏仁苦甘，能散寒而降气；甘草甘平，发散而和中。三药合用共行开宣肺气、散风寒、平喘之功。协定处方1号内还合有瓜蒌薤白半夏汤（取其通阳散结、祛痰宽胸之功）、桔梗汤（祛痰排脓），三方合用全面兼顾病情。

（二）肺病体系，日臻完善

肺心病急性加重是临床常见急症、危重症，在西医常规处理基础上，陈绍宏创制协定1号方、2号方、3号方用于肺心病的救治，显著改善了患者的临床症状与死亡率。在传道授业过程中，弟子们将陈绍宏治疗重症肺心病的经验（《重症肺源性心脏病的中西医结合治疗》陈绍宏1999年发表于《中国中西医结合急救杂志》第11期）总结如下。

1. 抓住感染关键，遏制病势发展

陈绍宏认为本病急性发作或加重多因感染引起，而重症肺心病常常合并有严重感染、Ⅱ型呼吸衰竭、电解质紊乱、复合型酸碱失衡等严重并发症，具有"反复感染、耐药感染、混合感染和慢性感染"四大特点，故治疗应该重视抗感染，且采取联合用药，绝对静脉给药，使用敏感抗生素。在使用抗生素过程中，不可以将广谱抗生素代替联合用药，而联合用药易导致二次感染，应予以重视。

2. 促进痰液引流、纠正缺氧状态

重症肺心病均存在严重的缺氧，而且痰液黏稠，容易导致气道阻塞而加重缺氧。对此，宜采取综合措施，其中包括恰当的补液，鼓励患者饮水等。陈绍宏的经验是：每日给予1500～2000mL液体，在24小时内输完（即15～20滴/分）应该是安全的，即使存在心力衰竭亦是可行的。由于患者呼吸困难，水分大量呼出，出汗增多，摄水量又减少，必然出现有效循环血量不足，若不注意补液，将使肾重吸收 HCO_3^- 的能力增强，肾小球滤出 HCO_3^- 减少，成为代谢性碱中毒出现的维持因素，而不利于酸碱失衡的纠正，亦不利于稀释痰液，促进引流，改善缺氧。只有气道湿化畅通，痰液及时排出，缺氧才会改善，继而支气管痉挛、感染等始动因子或后效应才会解除。在此阶段，配合中药以化痰止咳、宣肺平喘已为医学界所公认。应当指出，肺心病呼吸的维持是靠低氧对颈动脉窦、主动脉体的化学感受器的驱动作用，所以氧疗应以低流量（2～3L/min）持续性为宜，因其最终是细胞的缺氧、衰竭和坏死，靠提高吸氧浓度非但无济于事，反而有害。

3. 重视固护正气，提高抗病能力

该类患者多因呼吸困难、胃肠道瘀血等原因而不能进食或进食量很少，营养状况很差，同时存在高分解代谢，体内消耗增加。陈绍宏常通过输注新鲜冰冻血浆，一方面增加了热量，减少了蛋白质的消耗；另一方面补充了人体各种抗体及电解质，既增强了患者自身的免疫力，又增加了抗感染的效果。众所周知，广谱抗生素在杀死或抑制细菌生长的同时，对人体正常细胞亦具有不同程度的损伤作用，容易诱发或加重二重感染，增加耐药菌株。故临床上在抗感染的同时，切勿忘记提高自身免疫力的重要性。此外，人体血浆尚可稀释血液，减轻血液高黏和高凝状态，有利于肺动脉高压的改善。与此同时，针对患者常有的呼吸困难、大汗淋漓、短气懒言、口干尿少等气阴两虚的症状，常以大剂量生脉注射液（100mL/d）静脉滴注以固护正气，益气养阴，增加细胞膜的稳定性，提高机体对缺氧的耐受能力。临床观察显示，快速静脉滴注生脉注射液 40mL 可瞬时提高血氧饱和度 0.10 ～ 0.20。

4. 反对使用"四剂"，纠正酸碱失衡

由于重症肺心病本身存在严重缺氧，复合型酸碱失衡，水、盐、电解质紊乱，若不恰当地使用利尿剂、强心剂、碱剂、镇静剂（简称四剂）则可加重心、脑、肾等重要器官组织细胞的缺氧，加重电解质紊乱、酸碱失衡，使病情掩盖或更加复杂化。必须明确，肺心病心力衰竭造成的原因主要是感染、缺氧导致的心功能减退，只有通过控制感染、纠正缺氧，心功能才会改善。同样，该类患者的水肿、尿少亦是因心力衰竭、缺氧造成的肾血管痉挛所致，一方面利尿效果差，另一方面通过利尿，大量钾、钠、氯等从尿中排出，发生医源性代碱；而且尚可使有效循环血量下降，水分丧失，痰液更加黏稠，甚至形成痰栓堵塞气道，加重缺氧；由于缺氧，无氧酵解增加，乳酸堆积，严重感染，分解代谢增强，酸性代谢产物潴留，都会出现酸中毒致 pH 下降。若给予碱剂，只会使 CO_2 潴留加重，呼吸性酸中毒更加明显，且可引起医源性代碱。患者所表现的烦躁、抽搐多因电解质紊乱、酸碱失衡（呼酸合并代碱）、脑细胞严重缺氧等原因所致。不恰当的镇静，会掩盖病情，更重要的是抑制呼吸，加重缺氧，甚至可发生当场死亡。通过临床观察发现，晚期肺心病均不同程度存在低钠、低钾、低氯及代谢性酸中毒、呼酸、代碱等复杂情况，而低钾、低氯性碱中毒危害最大，它可使氧解离曲线左移、HbO_2 离散度下降、组织细胞严重缺氧，尤其是脑细胞的缺氧，患者会

出现严重的神经精神症状，成为患者死亡的主要原因；同时，低钾可促使支气管平滑肌痉挛、H^+ 排泄和 HCO_3^- 的重吸收增强，抑制呼吸中枢，加重呼吸困难，使呼酸更加明显。因此，在治疗过程中，陈绍宏认为应该将钾代谢作为突破口，将纠正代碱作为治疗的关键。其具体措施可根据血 Cl^- 含量予以补充：①血清 Cl^- 在 90mmol/L 左右，每 24 小时补 K^+ 6.0～9.0g，且以口服为主。因静脉补 K^+ 会因补液后尿量增加，排 K^+ 亦增加而影响补 K^+ 效果；若口服困难，可行鼻饲；若必须静脉补充，可按 0.3% 的浓度加入 0.9% 生理盐水缓慢静滴，因生理盐水和氯化钾中 Cl^- 的含量均比血浆高。②血清 Cl^- 在 80～90mmol/L 时，除按①方法补充外，可小剂量（常用量的 1/2～1/3）短期间歇性给予酸化利尿剂（氨苯蝶啶、螺内酯等），但不宜作为常规。③血清 Cl^- 在 80mmol/L 以下多预后不良，病死率在 80% 以上，Cl^-<70mmol/L 者几乎全部死亡。此时除①、②方法外，可加用盐酸精氨酸 20.0g 静滴。当然，补 K^+ 应动态观察，因酸中毒本身可使血清钾从细胞内向细胞外转移导致血清钾升高的假象，此时补钾宜审慎（但绝非不补）。随着感染的控制，缺氧症状的改善，则可使细胞外钾向细胞内转移，引起血清 K^+ 骤降，若处理不及时，患者可因低钾而死亡。按照陈绍宏的经验，血清 K^+ 只要未超过 6.5mmol/L，尿量在 500mL/24h 以上，且心电图无高钾表现者，仍可口服氯化钾 4.0～6.0g/d，只要密切监测，一般不会发生高钾危险。必须指出，在低钾未纠正前，不可补钙。否则会引起心肌应激性增高而发生心律失常或阿 - 斯综合征。当低钾纠正后，若血清 Ca^{2+} 低，而有抽搐表现者，可适当补钙，但以氯化钙为好。必要时可使用镁剂。此外，液体成分的选择亦非常关键。一般应使人体胶体渗透压及晶体渗透压保持平衡，每日补充氯化钠不应少于 9.0g；胶体渗透压的维持可通过间断补充血浆和白蛋白等。高渗葡萄糖因呼吸商高，应尽量不用。

5. 分步运用中药，增强治疗效果

　　该类患者入院初往往呼吸困难，胸闷气促，干咳少痰，痰稠质黏色白或黄，痰难咳，不能平卧，低垂性水肿，颜面、口唇、肢端发绀，尿少，大便难解，舌质淡紫或暗，苔白或黄或腻，脉沉细。此时急则治其标，根据肺主气、司呼吸，主宣发、肃降，朝百脉，通调水道的特点，辨证属痰浊壅肺、肺失宣降，则可选三拗汤合瓜蒌薤白半夏汤为基础方，达到豁痰、宽胸、止咳、平喘，提壶揭盖，润肠通便的目的，使腑气得通，肺气得降，痰液稀薄易咳，引流通畅而利于抗感染等措施的发挥。在此基础上，若以少尿为主，则合五苓散或苓桂术甘汤；兼有

心阳不振者，则合瓜蒌薤白桂枝汤。随着治疗效果的实现，痰液得以排出，感染得以控制，呼吸困难得以改善，患者往往表现为咳嗽无力，精神困倦，少气懒言，口淡无味，不思饮食，夜尿增多，大便稀溏或不畅，舌苔腐浊或腻等一派肺脾气虚之象，此时则遵"病痰饮者，当以温药和之"之理，以香砂六君子汤加减，培土生金、化痰止咳。更有甚者，咳嗽无力，尿频多，大便稀溏或完谷不化，四末不温，气短，纳食不香，食入即满，舌质淡，光剥无苔，脉细无力，系化源欲绝，胃气败，命火衰之危候，乃病入膏肓，针之不及，药之不达矣，只有通过鼓舞人体元阳之气，使阳气升腾，火得暖土，脾胃才有生升之机，故投重剂桂附理中汤以温补命门、振奋脾阳、补火暖土、培土生金。值得注意的是，前述临床表现，极易误认为光剥无苔等系阴虚之象，投以大剂滋阴之药，非但无效，反而冰伏邪气，使阳气闭郁。殊不知，阴阳互根，阳生才能阴长也。在整个治疗阶段均可加丹参、地龙以活血化瘀、解痉平喘，且二药具有解除支气管平滑肌痉挛、促进痰液引流、预防弥散性血管内凝血发生的作用。通过这些措施，往往可以增强各个环节的治疗效果，预防和阻抑各种并发症的发生。而且，经研究发现，每剂中药含有 90 ～ 110mmol/L 的 K^+，所以口服中药不仅能协同抗感染，促进引流，并且还可补充电解质或（和）防止电解质紊乱，值得临床进一步推广。临床观察还发现，服用补肾健脾中药，尚可减少或治疗广谱抗生素或糖皮质激素所致的真菌感染。应该明确，肺为华盖，宜宣不宜敛，在治疗用药上不宜使用敛肺止咳药，以防痰液引流不畅，加重病情。

6. 及时处理并发症，减少死亡发生

呼吸衰竭（肺性脑病）、酸碱失衡、电解质紊乱，心力衰竭及心律失常，休克，肾衰竭，消化道出血和 DIC 是晚期肺心病死亡的七大原因，但只要注意把握上述五大原则，可明显地减少及阻止这些并发症的发生，一旦出现，当及时纠正。由于晚期肺心病治疗矛盾多，情况错综复杂，在处理上对任何一个并发症均应采取前述的综合措施，不可能用一个孤立的手段予以解决。

陈绍宏通过数十年的临床研究，总结出一套系统化的重症慢性肺源性心脏病中西医结合诊疗方案，其同陈绍宏对中风病的研究一道，是陈绍宏大半生学术思想与临床研究的具体成果转化。陈绍宏及其团队将重症慢性肺源性心脏病的诊治经验毫无保留地贡献给国家和人民，不仅使更多的患者获得了及时的救治，也为中医急症学在西医界赢得了更多的赞誉。

学术年谱

川派中医药名家系列丛书

陈绍宏

1942 年，出生于重庆。

1954 年，就读于重庆十七中学。

1960 年，就读于成都中医学院中医系。

1966 年，四川省人民医院进修，师从我国著名内科学家罗建仲教授。

1968 年，自愿到稻城工作。

1979 年，调回成都中医学院附属医院工作。

1984 年，成立成都中医学院附属医院急诊科，担任急诊科主任。

1992 年，国家中医药管理局授予"全国中医急症先进工作者"。

1994 年，国家中医药管理局授予"全国中医急症先进工作者"。

1994 年，享受国务院政府特殊津贴。

1994 年，"散寒解热口服液的制备及治疗外感风寒发热的研究"获四川省科学技术进步二等奖。

1994 年，"逐瘀化痰口服液治疗急性脑出血的临床及实验研究"获四川省科学技术进步二等奖。

1995 年，"应用仲景学说治疗感染高热的研究"获四川省科学技术进步二等奖。

1995 年，"逐瘀化痰口服液治疗急性脑出血的临床及实验研究"获国家中医药管理局中医药科学技术进步二等奖。

1995 年，国家人事部授予陈绍宏"中青年有突出贡献专家"。

1995 年，卫生部、人事部、国家中医药管理局授予陈绍宏"全国卫生系统先进工作者"。

1998 年，四川省人事厅、四川省卫生厅、四川省中医管理局授予陈绍宏首届"四川省名中医"称号。

1999 年，应邀至美国耶鲁大学进行学术访问。

2002 年，四川省人民政府批准为第三批四川省学术和技术带头人。

2003 年，执笔制定"非典"中医药防治方案。

2004 年，入选中华中医药学会科学技术评审专家库专家。

2004 年，应邀至韩国庆熙大学进行学术访问。

2005 年 10 月，应邀至日本参加中日传统医学学术交流会。

2006 年 10 月，再次应邀至日本参加中日传统医学学术交流会。

2006 年，四川省人民政府授予"四川省首届十大名中医"称号。

2008 年，5·12 地震后，拟定了若干预防灾后疫情发生的中药处方。

2008 年，任第四批全国老中医药专家学术经验继承工作指导老师。

2009 年，执笔制定四川省"甲流"中医药防治方案。

2010 年，四川省人民政府批准为第八批四川省学术和技术带头人。

2015 年，四川省总工会授予"四川省劳动模范"称号。

2016 年，任第六批全国老中医药专家学术经验继承工作指导老师。

2017 年，国家人社部、国家卫计委、国家中医药管理局授予首届"全国名中医"称号。